Daniel Wiechmann

SOUS VIDE

Dampfgaren für unvergleichlichen Geschmack

W0179331

riva

Bibliografische Information der Deutschen Nationalbibliothek
Die Deutsche Nationalbibliothek verzeichnet diese Publikation in der Deutschen Nationalbibliografie.
Detaillierte bibliografische Daten sind im Internet über http://d-nb.de abrufbar.

Für Fragen und Anregungen:
info@rivaverlag.de

Originalausgabe
2. Auflage 2018

© 2017 by riva Verlag, ein Imprint der Münchner Verlagsgruppe GmbH
Nymphenburger Straße 86
D-80636 München
Tel.: 089 651285-0
Fax: 089 652096

Alle Rechte, insbesondere das Recht der Vervielfältigung und Verbreitung sowie der Übersetzung, vorbehalten. Kein Teil des Werkes darf in irgendeiner Form (durch Fotokopie, Mikrofilm oder ein anderes Verfahren) ohne schriftliche Genehmigung des Verlages reproduziert oder unter Verwendung elektronischer Systeme gespeichert, verarbeitet, vervielfältigt oder verbreitet werden.

Redaktion: Caroline Kazianka
Umschlaggestaltung: Laura Osswald
Umschlagabbildungen: Dinara May/Shutterstock.com, Elisabeth Coelfen/Shutterstock.com
Satz: Satzwerk Huber, Germering
Druck: Florjancic Tisk d.o.o., Slowenien
Printed in the EU

ISBN Print 978-3-7423-0352-3
ISBN E-Book (PDF) 978-3-95971-854-7
ISBN E-Book (EPUB, Mobi) 978-3-95971-855-4

Weitere Informationen zum Verlag finden Sie unter

www.rivaverlag.de

Beachten Sie auch unsere weiteren Verlage unter www.m-vg.de

Inhalt

Sous-vide – eine kurze Geschichte der vielleicht genialsten Kochtechnik der Welt

Das Sous-vide-Garen ist älter, als mancher vielleicht vermutet. Schon gut 50 Jahre hat die Kochtechnik auf dem Buckel. Das Garen von vakuumiertem Fleisch oder Fisch im Wasserbad wurde anfangs vor allem von der Convenience-Food-Industrie genutzt. Verantwortlich dafür waren zwei entscheidende Faktoren. Erstens: Mit keiner anderen Kochtechnik ist es möglich, Lebensmittel auf geschmacklich höchstem Niveau so perfekt zu garen. Zweitens: Sous-vide-Gegartes muss nicht sofort weiterverarbeitet werden, sondern lässt sich – ohne an Geschmack zu verlieren – sogar mehrere Tage lagern. Kein

Wunder also, dass schon bald auch die Spitzengastronomie das Sous-vide-Garen für sich entdeckte. Die Methode sorgte für weniger Stress in der Küche, eine längere Haltbarkeit von Spitzenprodukten und mehr Geschmack auf dem Teller. Als ich mit dem Koch und Sous-vide-Pionier Heiko Antoniewicz vor sechs Jahren für eine Zeitschrift ein Interview über das Sous-vide-Garen führte, prophezeite er: »Das Sous-vide-Garen wird auch in Privathaushalten immer wichtiger werden.« Und er behielt recht. Wer einmal Sous-vide-Gekochtes auf dem Teller hatte, kommt nicht mehr davon los. Mehr Geschmack geht nicht. Und hat man den Dreh mit der mittlerweile bezahlbaren Technik einmal raus, gelingen die Gerichte immer.

Warum Sous-vide-Gerichte so viel besser schmecken

Doch warum schmecken Fisch, Fleisch, Gemüse oder Obst Sous-vide zubereitet so viel besser? Um das zu verstehen, müssen wir einen Blick auf das Verfahren selbst werfen. Das Prinzip des Vakuumgarens ist simpel. Die Zutaten werden – wahlweise mit oder ohne Gewürze – in einen speziellen Folienbeutel gefüllt, vakuumiert und anschließend in einem Wasserbad gegart. Die Temperatur des Wassers liegt dabei je nach Gargut zwischen 45 °C und 90 °C und sollte über die gesamte Garzeit möglichst konstant sein. Das Vakuum sorgt nun dafür, dass während des gesamten Garprozesses keine Geschmacks- und

Aromastoffe aus dem Gargut gekocht werden, was den Eigengeschmack ungemein betont. Durch das Garen freigesetzte Aromen können außerdem nicht oxidieren, denn im Vakuum gibt es keinen Sauerstoff. Solchermaßen gegarte Lebensmittel enthalten nach dem Kochen daher bis zu 40 Prozent mehr Mineralstoffe und 20 Prozent mehr Vitamine. Geschmacklich profitieren selbst Suppen oder kurz angebratenes Hackfleisch von dieser Garmethode.

Dass Sous-vide-Fisch und -Fleisch so viel saftiger sind, liegt natürlich auch an den konstant niedrigen Gartemperaturen. Diese verhindern, dass die Proteine im Gargut vollständig denaturieren und dabei Wasser freisetzen, was vor allem bei hohen Temperaturen der Fall ist. Dieser Prozess nennt sich Hydrolyse. Mit dem Sous-vide-Verfahren wird die Hydrolyse gebremst. Fleisch verliert beim »normalen« Garen bis zu 40 Prozent seines Gewichts durch austretendes Wasser. Beim Sous-vide-Garen sind es gerade mal 5 Prozent. Durch die konstante Temperatur bei besserer Wärmeleitung im Wasserbad werden die Zutaten außerdem sehr viel gleichmäßiger gegart. Sowohl die Mitte als auch der Rand eines auf diese Art gegarten Bratens weisen den gleichen Gargrad auf. Ein solches Ergebnis lässt sich im Ofen, in dem die Ränder schneller austrocknen, nur sehr schwer erzielen. Mit dem Sous-vide-Verfahren können Lebensmittel auch kaum übergart werden. Hier gilt als Faustregel: Wassertemperatur = Kerntemperatur. Fisch oder Fleisch werden selbst dann nicht trocken, wenn man sie eine halbe oder eine Stunde länger im Wasserbad lässt. Mehr sollte es dann allerdings nicht sein. Wichtig ist, dass das Gargut die ganze Zeit vom Wasser bedeckt ist. Notfalls muss man es beschweren oder mit Gittereinsätzen im Wasserbad halten. Richtig angewandt, gelingen mit der Sous-vide-Technik dann tatsächlich jedem Garpunkte, wie man sie sonst nur aus einem Sternerestaurant kennt.

Die Nachteile der Sous-vide-Methode

Doch das Sous-vide-Garen hat auch Nachteile. Das Kochen ist sehr strukturiert und so fühlt es sich auch an. Im Wasserbad schwimmende Steaks verbreiten leider nicht dieselbe Sinnlichkeit wie auf einem heißen Grill brutzelnde. Vor allem dann nicht, wenn im Wasserbad auch noch Hunderte Isolierkugeln mitschwimmen, die helfen, Temperaturverluste zu vermeiden. Darauf muss man sich einlassen. Die geschmacklichen Ergebnisse entschädigen dafür jedoch allemal. Die vor allem beim Fleisch so beliebten Röstaromen lassen sich Sous-vide natürlich nicht herstellen. Das fertig gegarte Fleisch oder der fertig gegarte Fisch müssen dafür nach dem Wasserbad noch einmal kurz in der Pfanne angebraten werden. Und kurz heißt dabei wirklich kurz, sonst geht der Sous-vide-Effekt verloren. Wer mag, kann mit einem Gasbrenner auf Nummer sicher gehen. Ein solcher Brenner erzeugt Temperaturen von bis 1000 °C, sodass die gewünschten Röstaromen in sehr kurzer Zeit entstehen. Das Anbra-

ten hat zudem den Vorteil, dass man Fisch oder Fleisch noch mal auf Temperatur bringt. Die reine Gartemperatur wird auf dem Gaumen in der Regel als kühl empfunden. Saucen zaubert man mit der Sous-vide-Technik ebenfalls nicht automatisch. Diese lassen sich jedoch aus getrennt gerösteten Abschnitten oder Karkassen extra zubereiten. Zeit genug ist ja meist. Auch mit dem Saft, der während des Garens im Sous-vide-Beutel ausgetreten ist, lässt sich eine leichte Sauce zubereiten. Einfach etwas Butter hinzumischen, mit Gewürzen abschmecken, kurz einkochen lassen – fertig.

Für das Würzen der Gerichte muss man ein neues Gefühl entwickeln. Gart man Gewürze und Kräuter im Folienbeutel mit, entwickeln sie dort einen viel stärkeren Geschmack als in einer Pfanne oder in einem Topf. Gerade für Sous-vide-Anfänger gilt daher: am Anfang eher defensiv würzen. Vorsicht gilt auch bei bestimmten Zutaten. Zwiebeln und Knoblauch, die bei so vielen Gerichten selbstverständlich dazugehören, entwickeln Sous-vide gegart einen bitteren Geschmack. Stattdessen kann man sich mit Knoblauchgranulat oder getrockneten Knoblauchscheiben behelfen. Kalt gepresstes Olivenöl wird manchmal ebenfalls bitter und kann zudem metallische Aromen entwickeln. Butter oder ein neutrales Öl sind da die bessere Wahl. Wer nicht auf sein geliebtes Olivenöl verzichten will, kann es vor dem Einsatz allerdings confieren. Dazu muss das Olivenöl in einem Topf im vorgeheizten Ofen 15 Minuten lang auf 90 °C erhitzt werden. Wer mag, kann es dabei mit Pfeffer, Rosmarin oder anderen Gewürzen und Kräutern versetzen. Das so behandelte Öl kann normal im Kühlschrank gelagert werden und bleibt auch beim Sous-vide-Garen geschmacksstabil. Knoblauch lässt sich ebenfalls bereits in das Öl einarbeiten, ohne dass die Aromen beim Sous-vide-Garen bitter werden.

Generell spart man mit der Sous-vide-Technik keine Zeit. Das Garen im Wasserbad dauert aufgrund der niedrigen Temperatur meist lange. Ein Steak braucht zum Beispiel mindestens 90 Minuten. Es gibt sogar Rezepte mit Garzeiten von bis zu 72 Stunden, für die man den nötigen Fanatismus mitbringen sollte. Der Nachteil des Zeitaufwandes lässt sich allerdings auch in einen Vorteil umkehren. Sous-vide-Lebensmittel lassen sich nach dem Garen ohne Geschmacksverlust für Monate einfrieren oder problemlos für einige Tage im Kühlschrank lagern. Vorausgesetzt, das Gargut wird nach dem Garen sofort

im Eiswasser heruntergekühlt. Dieses sogenannte Chillen ist nötig, da bei den niedrigen Gartemperaturen meist nicht alle Keime abgetötet werden. Hygiene sollte eigentlich in jeder Küche eine Selbstverständlichkeit sein. Beim Sous-vide-Garen aber ist sie Pflicht. Um das gechillte Gargut zu verarbeiten, muss es später nur wieder im Wasserbad regenerieren. Neben der Hygiene ist auch die Qualität der Zutaten beim Sous-vide-Garen enorm wichtig. Das Verfahren potenziert jegliche Aromen, auch unerwünschte und schlechte.

Wer mit diesem Verfahren kocht, sollte zudem an die Müllproblematik denken. Mittlerweile gibt es zum Glück Vakuumbeutel mit Zippverschlüssen, die spülmaschinenfest sind und sich wiederverwenden lassen.

Welche Sous-vide-Ausrüstung ist die richtige?

Um Sous-vide zu kochen, benötigt man ein Vakuumiergerät und einen Thermalisierer. Worauf ist bei der Auswahl zu achten? Bei den Vakuumiergeräten unterscheidet man zwischen Balken- und Kammervakuumierern. Balkenvakuumierer sind platzsparend und deutlich günstiger in der Anschaffung. Allerdings kommen die meisten nicht mit Flüssigkeiten klar. Wer das Sous-vide-Garen wirklich ausreizen will, sollte daher auf einen Balkenvakuumierer mit Flüssigkeitsabschneider setzen oder sich gleich für einen Kammervakuumierer entscheiden. Die kleinen Kästen nehmen zwar mehr Platz weg, kommen aber ohne Probleme mit Marinaden, Ölen oder Kokosmilch zurecht. Doch selbst beim Einsatz von Flüssigkeiten kann man sich behelfen und den einfachen Balkenvakuumierer austricksen, indem man die Flüssigkeiten anfriert, bevor man sie in den Beutel gibt. Statt Tomatensauce kann man ein paar Tomatenscheiben, statt Zitronensaft eine Zitronenscheibe mit in den Beutel geben. Teures Gerät ist keine zwingende Voraussetzung für das Sous-vide-Garen.

Auch beim Thermalisierer herrscht die Qual der Wahl. Es gibt kleine Sous-vide-Sticks, die man einfach in einen Kochtopf hängt. Der Stick, eigentlich ein Thermostat, hält das eingefüllte Wasser auf Temperatur und wälzt es gleichzeitig um, damit die Temperatur im Topf wirklich überall gleich ist. Einfache Sous-vide-Garer in Beckenform sind bereits ab 100 Euro zu haben. Profis bevorzugen Komplettsysteme mit zwei getrennten Wasserbädern. So lassen sich Beilagen und Hauptgerichte, die meist unterschiedliche Temperaturen benötigen, gleichzeitig zubereiten. Timer- und Warmhaltefunktionen sind bei neueren Geräten eine Selbstverständlichkeit. Wer einen Dampfgarer in der Küche hat, kann mit diesem ebenfalls mit der Sous-vide-Methode experimentieren. Dazu wählt man einfach die entsprechende Temperatur, gibt den Vakuumbeutel in den Dampfgarer und wartet die Garzeit ab.

Um das Sous-vide-Verfahren ranken sich zahlreiche Mythen. Wahrscheinlich kennt jeder die Geschichte vom Fisch, der in Folie eingehüllt in einer Spülmaschine gegart wird. Diese Methode funktioniert tatsächlich und bildet mit anderen Mitteln das Sous-vide-Verfahren nach. Wer vor der Anschaffung von Profigeräten erst mal schauen möchte, ob diese Kochtechnik überhaupt etwas für ihn ist, kann sich in der Tat mit Frischhaltefolie und einem Wasserbad im Ofen behelfen. Das ist zwar nicht ganz temperaturstabil, aber zum Ausprobieren des Verfahrens vollkommen ausreichend. Im Internet kursieren sogar Anleitungen, wie man sein Steak auf dem Weg zum Grill in einer mit heißem Wasser gefüllten Kühlbox Sous-vide vorgaren kann. Wer Lust am Experimentieren hat, kann auch das gerne ausprobieren. Spülmaschine und Kühlbox zeigen auf jeden Fall, dass das Sous-vide-Garen kein technologisches Hexenwerk ist.

Sous-vide – die richtige Gartemperatur und Garzeit finden

Selbst Laien können mit der Sous-vide-Methode ohne Probleme mit perfekten Garpunkten arbeiten. Um die richtige Garzeit und -temperatur zu finden, sind lediglich ein paar Dinge zu beachten. Fisch benötigt Temperaturen um die 50 °C. Je dicker der Fisch, desto länger braucht er. Das gilt auch für Fleisch. Garzeit und -temperatur hängen außerdem davon ab, ob Rind, Schwein oder Geflügel ins Wasserbad kommen und welche Garstufe – rare, medium, well done – gewünscht ist. Hier arbeitet man in einem Temperaturbereich von 49 bis 70 °C. Geflügel wird bei etwas höheren Temperaturen ab 60 °C zubereitet, ebenso wie zähe Fleischstücke. Diese werden durch die konsequente Umwandlung von Kollagen (Bindegewebe) in Gelatine geschmeidig. Dafür benötigt man besonders lange Garzeiten und etwas höhere Gartemperaturen ab 62 °C. Die Dicke des Fleisches spielt bei der Berechnung der Garzeit ebenfalls eine Rolle. Sous-vide zubereitetes Gemüse muss mit deutlich höheren Temperaturen gegart werden als Fisch und Fleisch. 85 °C sind notwendig, um die Zellstrukturen aufzubrechen. Obst braucht dagegen Temperaturen zwischen 65 und 85 °C, je nachdem ob es sich um weiche Beeren oder Hartobst wie zum Beispiel Äpfel handelt.

Die folgenden Tabellen helfen Ihnen, für jedes Gargut schnell die richtige Gartemperatur und -zeit zu finden. Sie sind allerdings nur Richtlinien. Wie alle anderen Techniken sind auch für das Sous-vide-Garen Erfahrung und ein bisschen Gefühl nötig. Experimentieren Sie ruhig ein wenig mit den Temperaturen und finden Sie den Garpunkt, der Ihnen persönlich am besten gefällt. Geschmacklich kommen Sie mit der Sous-vide-Technik ohnehin sicher ans Ziel. Die Garzeiten in den Rezepten beziehen sich – falls nicht explizit anders erwähnt – auf einen Garpunkt, der zwischen medium rare und medium liegt.

Rindersteak, 3–4 cm dick

z. B. Filet, Entrecôte oder Roastbeef

Gargrad	Temperatur	Garzeit
rare	49 °C	1,5–3 Std.
medium rare	54 °C	1,5–3 Std.
medium	59 °C	1,5–3 Std.
well-done	67 °C	1,5–3 Std.

Rinderbraten/Tafelspitz

Gargrad	Temperatur	Garzeit
rare	56 °C	7–14 Std.
medium rare	60 °C	6–12 Std.
well-done	70 °C	5–10 Std.

Rinderschmorbraten

Gargrad	Temperatur	Garzeit
rare	58 °C	24 Std.
medium rare	65 °C	16 Std.
well-done	85 °C	8 Std.

Schweinesteak

Gargrad	Temperatur	Garzeit
rare	58 °C	1–2 Std.
medium rare	62 °C	60–100 Min.
well-done	70 °C	1–1,5 Std.

Schweinebraten

Gargrad	Temperatur	Garzeit
rare	58 °C	3–5 Std.
medium rare	62 °C	3–4 Std.
well-done	70 °C	3–3,5 Std.

Schweinebauch

Gargrad	Temperatur	Garzeit
rare	62 °C	16–24 Std.
medium rare	68 °C	12–14 Std.
well-done	85 °C	8–16 Std.

Geflügel, hell
z. B. Hähnchen oder Pute

Gargrad	Temperatur	Garzeit
sehr zart	60 °C	2–3 Std.
zart und saftig	64 °C	1–2 Std.
well-done	75 °C	1–1,5 Std.

Geflügel, dunkel
z. B. Ente oder Fasan

Gargrad	Temperatur	Garzeit
zart	65 °C	1,5–4 Std.
Fleisch löst sich vom Knochen	75 °C	1,5–3 Std.

Fisch

z. B. Lachs, Thunfisch, Wolfsbarsch

Gargrad	Temperatur	Garzeit
rare (glasig)	40 °C	20–40 Min.
medium rare (saftig, zart)	50 °C	20–40 Min.
well-done	60 °C	20–40 Min.

Gemüse

Gargut	Temperatur	Garzeit
Champignons	85 °C	20 Min.
Fenchel	85 °C	40 Min.
Karotten	85 °C	45 Min.
Rote Bete	85 °C	50 Min.
Spargel	85 °C	25 Min.
Kürbis	85 °C	30 Min.
Kartoffeln	85 °C	60 Min.

Obst

Gargut	Temperatur	Garzeit
Weichobst (z. B. Beeren)	60 °C	20–90 Min.
Hartobst (z. B. Birnen, Äpfel)	68 °C	100–150 Min.

Um aus Obst Püree zuzubereiten, sollte man grundsätzlich mit Temperaturen von 85 °C und Garzeiten zwischen einer und drei Stunden arbeiten.

Fazit: Vor allem die hohen Gartemperaturen von Gemüse bringen ein Problem mit sich. Denn wer sein Essen komplett Sous-vide kochen möchte und nur einen Sous-vide-Garer zur Verfügung hat, kommt um mehrere Arbeitsgänge nicht herum. Fleisch und Gemüsebeilage lassen sich aufgrund der unterschiedlichen Gartemperaturen nicht im gleichen Wasserbad zubereiten. Wird Sous-vide-Gegartes jedoch nicht sofort weiterverarbeitet, ist es notwendig, die Speisen nach dem Garen sofort herunterzukühlen (chillen) und später, wenn sie tatsächlich verwendet werden, noch einmal zu erwärmen (regenerieren). Und so funktioniert es:

Chillen und Regenerieren

Beim sogenannten Chillen wird das Gargut in einem Eiswasserbad auf 5 °C heruntergekühlt, um sicherzustellen, dass sich eventuell noch vorhandene Keime nicht weiter vermehren. Das Eiswasserbad sollte dabei zur Hälfte aus Eiswürfeln bestehen und das Gargut vollständig umschließen. Wie lange das Gargut braucht, um abzukühlen, hängt von seiner Dicke ab und davon, wie warm es gegart wurde. Die folgenden Zeiten dienen Ihnen für Fisch, Fleisch und Gemüse als Richtlinie:

Dicke des Gargutes in mm	Fisch, 55 °C	Fleisch, 60 °C	Gemüse, 85 °C
5	1 Min.	1 Min.	1 Min.
10	4 Min.	4 Min.	6 Min.
15	10 Min.	10 Min.	12 Min.
20	17 Min.	18 Min.	22 Min.
25	27 Min.	28 Min.	33 Min.
30	38 Min.	40 Min.	45 Min.
35	52 Min.	54 Min.	63 Min.
40	1 Std. 7 Min.	1 Std. 10 Min.	1 Std. 20 Min.
50	1 Std. 45 Min.	1 Std. 50 Min.	2 Std. 4 Min.

Hat man sein Gargut abgekühlt, lässt es sich nun einfrieren oder für einige Tage in der Kühlung lagern, wobei die Lagerfähigkeit und -temperatur wie folgt zusammenhängen:

Lagertemperatur	Lagerfähigkeit
< 2,5 °C	bis 90 Tage
< 3,3 °C	bis 30 Tage
< 5 °C	bis 10 Tage
< 7 °C	bis 5 Tage

Will man das gekühlte Gargut nun weiterverarbeiten, muss es erneut ins Wasserbad und dort regeneriert werden. Die Temperatur sollte dabei immer unter der ursprünglichen Gartemperatur liegen. Folgende Tabellen dienen Ihnen als Richtlinie dafür, wie lange das gekühlte Gargut braucht, bis es serviert oder angebraten werden kann:

Garzeiten zum Regenerieren von Gargut ab 3 °C

Dicke in mm	Fisch, 44 °C	Fleisch, 52 °C	Gemüse, 61 °C
5	2 Min.	2 Min.	2 Min.
10	7 Min.	8 Min.	8 Min.
15	17 Min.	17 Min.	18 Min.
20	30 Min.	31 Min.	32 Min.
25	46 Min.	48 Min.	49 Min.
30	1 Std. 6 Min.	1 Std. 9 Min.	1 Std. 11 Min.
35	1 Std. 30 Min.	1 Std. 33 Min.	1 Std. 36 Min.
40	1 Std. 57 Min.	2 Std. 2 Min.	2 Std. 6 Min.
50	3 Std. 2 Min.	3 Std. 10 Min.	3 Std. 16 Min.

Garzeiten zum Regenieren von tiefgefrorenem Gargut (ab –18 °C)

Dicke in mm	Fisch, 44 °C	Fleisch, 52 °C	Gemüse, 61 °C
5	2 Min.	2 Min.	2 Min.
10	9 Min.	9 Min.	9 Min.
15	21 Min.	21 Min.	21 Min.
20	37 Min.	37 Min.	38 Min.
25	58 Min.	58 Min.	58 Min.
30	1 Std. 23 Min.	1 Std. 23 Min.	1 Std. 24 Min.
35	1 Std. 52 Min.	1 Std. 53 Min.	1 Std. 54 Min.
40	2 Std. 27 Min.	2 Std. 28 Min.	2 Std. 29 Min.
50	3 Std. 48 Min.	3 Std. 51 Min.	3 Std. 53 Min.

Man sieht, dass das Chillen und Regenerieren eigentlich nur bei kleineren Stücken Fisch oder Fleisch Sinn macht. Großes Gargut braucht schlicht zu lange, um zu regenerieren, und könnte in der Zeit meist auch frisch zubereitet werden.

Für ein komplett Sous-vide gegartes Menü nebst Beilagen ist aufgrund der unterschiedlichen Garzeiten sowie dem Chillen und Regenerieren ein enormer logistischer Aufwand nötig. In der Tat ist auch der Geschmack einer mit diesem Verfahren gegarten Karotte unglaublich und in diesem Kochbuch finden sich auch Rezepte für Sous-vide-gegarte Beilagen aus Obst und Gemüse. Persönlich tendiere ich jedoch dazu, Beilagen zu Fisch und Fleisch traditionell zuzubereiten. Varianten und Hinweise dazu finden sich ebenfalls in den Rezepten. Und ein Sous-vide gegarter Spargel macht mich eben auch ohne Steak glücklich. Aber jetzt wird endlich gekocht!

Die Rezepte im Folgenden sind unterteilt in die Kategorien:

- Fleisch
- Fisch
- Gemüse
- Rund ums Ei
- Suppen
- Obst

Sie finden bei jedem Rezept Nährwertangaben. Kcal steht für Kilokalorien, KH für Kohlenhydrate, E für Eiweiß und F für Fett.

FLEISCH

Schweinefilet

Ergibt: 2 Portionen | Zubereitung: 2 Std.
Nährwerte (pro Portion): 342 kcal, KH: 0 g, E: 55 g, F: 13 g

Zutaten:

500 g Schweinefilet
1 Zweig Estragon
1 Msp. Kreuzkümmel
1 Msp. Chilipulver
1 Msp. Kümmel
2 EL Butter
1 EL Sonnenblumenöl
Salz
Pfeffer

So wird's gemacht:

1. Sous-vide-Garer auf 60 °C temperieren.
2. Estragonzweig waschen, trocken schütteln und hacken.
3. Schweinefilet von Sehnen befreien – falls vorhanden. Das Fleisch waschen und trocken tupfen. Anschließend von allen Seiten mit den Gewürzen und dem Estragon einreiben.
4. Das Fleisch zusammen mit 1 EL Butter in einen Vakuumbeutel füllen und vakuumieren. Ins Wasserbad geben und dort 90 Minuten lang garen.
5. Fleisch aus dem Beutel nehmen und trocken tupfen. Öl in einer Pfanne erhitzen und das Filet von allen Seiten scharf anbraten. Mit Salz und Pfeffer würzen und im Ofen warm halten.
6. Die Sauce aus dem Vakuumbeutel mitsamt den Gewürzen in die Pfanne geben. Die restliche Butter hinzugeben. Alles kurz einkochen lassen und über das Filet geben.

Als Beilage passt Ofengemüse oder ein Krautsalat.

(Foto siehe Seite 23)

Ente à l'orange

Ergibt: 2 Portionen | Zubereitung: 2 Std.
Nährwerte (pro Portion): 612 kcal, KH: 1 g, E: 37 g, F: 48 g

Zutaten:
1 Orange
2 Zweige Rosmarin
2 Entenbrustfilets (à 200 g)
1 TL Sonnenblumenöl
1 EL Sherryessig
60 ml Weißwein
(z. B. Gewürztraminer)
2 EL Butter
Salz
Pfeffer

So wird's gemacht:
1. Sous-vide-Garer auf 60 °C temperieren.
2. Orange heiß abwaschen. Zwei schöne Scheiben aus der Mitte schneiden.
3. Rosmarinzweige waschen und trocken schütteln.
4. Entenbrust säubern, waschen und trocken tupfen. Die Haut rautenförmig einschneiden. Auf die Hautseite jeweils eine Orangenscheibe und einen Rosmarinzweig legen.
5. Die Entenbrüste einzeln in Vakuumbeutel geben und vakuumieren. In das Wasserbad legen und 90 Minuten garen.
6. Entenbrüste aus dem Beutel nehmen. Rosmarin und Orangenscheiben wegwerfen. Öl in einer Pfanne erhitzen und die Entenbrüste auf der Hautseite für 30 Sekunden scharf anbraten. Entenbrüste aus der Pfanne nehmen und warm halten.
7. In derselben Pfanne Essig und Wein angießen. Den Fleischsaft aus den Vakuumbeuten sowie Butter hinzugeben und Sauce ca. 5 Minuten bei mittlerer Hitze einkochen lassen. Mit Salz und Pfeffer abschmecken. Sauce über das Fleisch geben und genießen.

Als Beilage passt gedämpfter Wirsing oder ein Feldsalat mit einem fruchtigen Dressing.

Entrecôte

Ergibt: 2 Portionen | Zubereitung: 2 Std.
Nährwerte (pro Portion): 685 kcal, KH: 3 g, E: 72 g, F: 41 g

Zutaten:
2 Zweige Thymian
2 Zweige Rosmarin
2 Scheiben Entrecôte
(ca. 250 g, ca. 2,5–3 cm
dick)
2 Knoblauchzehen
1 EL Butterschmalz
1 TL Butter

So wird's gemacht:
1. Sous-vide-Garer auf 56 °C temperieren.
2. Thymian und Rosmarin waschen und trocken schütteln.
3. Jeweils 1 Entrecôte in einen Vakuumbeutel geben. Je einen Thymian- und einen Rosmarinzweig hinzugeben und vakuumieren. Die Beutel ins Wasserbad geben und das Fleisch 90 Minuten garen.
4. Knoblauch schälen und in feine Streifen schneiden. Butterschmalz in einer Pfanne erhitzen. Entrecôte aus den Beuteln nehmen und in der Pfanne für ca. 20 Sekunden von beiden Seiten scharf anbraten. Aus der Pfanne nehmen und warm halten.
5. Knoblauch in die Pfanne geben und scharf anrösten. Dann die Hitze reduzieren. Den Saft aus den Vakuumbeuteln und die Butter in die Pfanne geben und ca. 5 Min einkochen. Die Sauce mitsamt Knoblauch über das Fleisch geben und genießen.

Als Beilage eignet sich z. B. ein Kartoffelgratin oder ein gemischter Salat mit einem Senfdressing.

Hähnchenbrust mit Caesar Salad

Ergibt: 4 Portionen | Zubereitung: 1 Std. 15 Min.
Nährwerte (pro Portion): 847 kcal, KH: 24 g, E: 47 g, F: 60 g

Zutaten:

Für das Fleisch:

1 Hähnchenbrust
(ca. 400 g)
1 TL Salz
50 g Butter
Öl zum Anbraten

Für den Salat:

2 Römersalatherzen
3 Scheiben Baguette
1 Knoblauchzehe
3 Sardellen (aus dem Glas)
1 TL Zitronensaft
250 g Crème fraîche
3 EL Olivenöl
150 g Parmesan
Salz
Pfeffer

So wird's gemacht:

1. Sous-vide-Garer auf 60 °C temperieren.
2. Hähnchenbrust waschen und trocken tupfen. Leicht salzen. Zusammen mit der Butter in einen Vakuumbeutel geben und vakuumieren. Ins Wasserbad geben und das Hähnchen 60 Minuten garen.
3. Unterdessen den Salat waschen, trocken schütteln und in mundgerechte Stücke zupfen. Baguette in Würfel schneiden.
4. Knoblauch schälen. Zusammen mit den Sardellen, Zitronensaft, Crème fraîche, Olivenöl und Parmesan in einen hohen Becher geben und pürieren. Das Dressing eventuell mit Salz und Pfeffer abschmecken.
5. Öl für das Hähnchen in einer Pfanne erhitzen. Das fertig gegarte Fleisch aus dem Vakuumbeutel nehmen und auf einer Seite ca. 40 Sekunden in der Pfanne scharf anbraten. Baguettewürfel gleichzeitig in die Pfanne geben und anrösten.
6. Salat auf einem Teller anrichten. Die Hähnchenbrust in Streifen schneiden und auf den Salat legen. Mit reichlich Dressing und den Baguettewürfeln garnieren. Noch einmal salzen und pfeffern und genießen.

Rinderfilet mit Kartoffelpüree und Rotweinkirschreduktion

Ergibt: 2 Portionen | Zubereitung: 1 Std. 15 Min.
Nährwerte (pro Portion): 1028 kcal, KH: 34 g, E: 38 g, F: 68 g

Zutaten:

Für das Fleisch:

2 Zweige Rosmarin
2 Zweige Thymian
2 Rinderfilets
(à 150 g, ca. 4 cm dick)
Salz
2 EL Butter
Öl zum Anbraten

Für das Püree:

200 g Kartoffeln
(mehligkochend)
50 g Knollensellerie
Salz
75 ml Schlagsahne
50 g Butter
Pfeffer

Für die Karottenschnipsel:

1 Karotte

Für die Reduktion:

1 Schalotte
1 EL Olivenöl
300 ml Rotwein
100 ml Rinderfond
3 Zweige Rosmarin
3 Zweige Thymian
1 Gewürznelke
2 EL Kirschen (entsteint, mit Saft aus dem Glas,
ersatzweise 1 EL Kirschkonfitüre)
1 kleine Kartoffel
50 g Butter
Zucker
Salz
Pfeffer

So wird's gemacht:

1. Sous-vide-Garer auf 56 °C temperieren.
2. Alle Rosmarin- und Thymianzweige (auch die für die Reduktion) waschen und trocken schütteln.
3. Filet waschen und trocken tupfen. Leicht salzen. Jeweils ein Filet mit einem Thymian- und einem Rosmarinzweig sowie 1 EL Butter in einen Vakuumbeutel geben und vakuumieren. Ins Wasserbad geben und 90 Minuten garen.
4. Für das Püree Kartoffeln und Sellerie putzen, schälen, vierteln und in einem Topf mit reichlich Salzwasser ca. 25 Minuten weich kochen.
5. Währenddessen Karotte waschen, putzen und in feine Streifen schneiden.
6. Für die Reduktion die Schalotte schälen und fein hacken. Öl in eine Pfanne geben und die Schalotte bei mittlerer Hitze darin glasig dünsten. Die Hitze erhöhen. Etwas Rotwein sowie Rinderfond angießen. Rosmarin, Thymian und die Gewürznelke in die Pfanne geben. Nach und nach den restlichen Rotwein sowie den restlichen Rinderfond angießen und alles auf die Hälfte einkochen.
7. Die Reduktion durch ein Sieb passieren und in einen Topf geben. Kirschen hinzugeben. Die kleine Kartoffel schälen und in die Sauce reiben. Kurz aufkochen. Kalte Butter unterschlagen und Sauce so lange köcheln lassen, bis sie eine glatte, sämige Konsistenz hat. Mit Zucker, Salz und Pfeffer abschmecken. Warm halten.
8. Das Wasser der fertig gegarten Kartoffel- und Selleriestücke abgießen. Sahne und Butter zum Gemüse geben und alles pürieren. Püree mit Salz und Pfeffer abschmecken. Warm halten.
9. Das fertig gegarte Filet aus den Vakuumbeuteln nehmen und trocken tupfen. Öl in einer Pfanne erhitzen und Filets von beiden Seiten scharf anbraten. Die Karottenstreifen hinzugeben und mit anbraten.
10. Kartoffelpüree auf einem Teller anrichten. Das Filet darauf betten und mit Karottenstreifen garnieren. Die Sauce dazugeben.

Pulled Pork

Ergibt: 4 Portionen | Zubereitung: 15 Std.
Nährwerte (pro Portion): 329 kcal, KH: 34 g, E: 19 g, F: 13 g

Zutaten:

Für das Fleisch:

1 EL Paprikapulver
1 EL brauner Zucker
1 TL Salz
3 Senfkörner
schwarzer Pfeffer
½ TL Knoblauchpulver
½ TL getrockneter Oregano
½ TL Koriandersamen
1 Msp. Chiliflocken
700 g Schweinenacken

Für die Beilage:

500 g Kartoffeln
Salz
3 Frühlingszwiebeln
BBQ-Sauce

So wird's gemacht:

1. Sous-vide-Garer auf 73 °C temperieren.
2. Gewürze in einen Mörser geben und alle gut zerstoßen und vermischen.
3. Mit der Hälfte der Gewürzmischung den Schweinenacken einreiben. Das Fleisch in einen Vakuumbeutel legen und vakuumieren. Ins Wasserbad geben und 12 Stunden garen.
4. Etwa 40 Minuten vor Ende der Garzeit den Ofen vorheizen (Ober- und Unterhitze, 220 °C).
5. Die Kartoffeln schälen, waschen und in Pommesform schneiden. Pommes kurz in Salzwasser tauchen (so werden sie knuspriger) und dann auf ein mit Backpapier ausgelegtes Backblech legen. Das Blech in den Ofen geben und die Pommes 25 Minuten backen. Aus dem Ofen nehmen und auf dem Blech beiseitestellen.
6. Temperatur des Ofens auf 150 °C (Ober- und Unterhitze) stellen.
7. Fleisch aus dem Vakuumbeutel nehmen und trocken tupfen. Mit der restlichen Gewürzmischung einreiben, in eine Auflaufform geben und im Ofen weitere 3 Stunden garen.
8. Frühlingszwiebeln putzen, waschen und in feine Ringe schneiden. BBQ-Sauce in ein ofenfestes Gefäß füllen.
9. Zehn Minuten vor Ende der Garzeit des Fleisches das Blech mit den Pommes und die BBQ-Sauce in den Ofen geben und erwärmen.

10. Pommes auf einer großen Platte anrichten. Noch einmal salzen. Den Schweinenacken mit zwei Gabeln zerrupfen und über den Pommes verteilen. BBQ-Sauce über das Fleisch träufeln. Mit Frühlingszwiebelringen garniert servieren.

Kalbstafelspitz

Ergibt: 2 Portionen | Zubereitung: 3 Std. 30 Min.
Nährwerte (pro Portion): 490 kcal, KH: 31 g, E: 42 g, F: 21 g

Zutaten:

Für das Fleisch:
400 g Kalbstafelspitz
1 EL körniger Senf
2 Lorbeerblätter
40 g Butter + etwas für die Pfanne
Salz

Für die Beilage:
4 Kartoffeln (festkochend)
2 Karotten
Butter
Salz
Pfeffer
Schnittlauchröllchen

So wird's gemacht:

1. Sous-vide-Garer auf 60 °C temperieren.
2. Tafelspitz mit Senf einreiben. Zusammen mit den Lorbeerblättern und der Butter in einen Vakuumbeutel geben und vakuumieren. Ins Wasserbad geben und 3 Stunden garen.
3. Eine halbe Stunde vor Ende der Garzeit Kartoffeln und Karotten putzen, schälen, waschen und in Scheiben schneiden. Die Kartoffeln 20 Minuten, die Karotten 12 Minuten in einem Bambusdämpfer oder Dampfgarer dämpfen.
4. Etwas Butter in einer Pfanne erhitzen und die fertig gegarten Kartoffel- und Karottenscheiben darin schwenken. Mit Salz und Pfeffer abschmecken. Anschließend warm halten.
5. Noch einmal Butter in einer Pfanne erhitzen. Tafelspitz aus dem Vakuumbeutel nehmen, trocken tupfen und salzen. In der Pfanne von allen Seiten leicht anbraten (insgesamt ca. 2 Minuten).
6. Den Tafelspitz aufschneiden und mit dem Buttergemüse anrichten. Mit Schnittlauch garniert servieren.

Lammkarree

Ergibt: 2 Portionen | Zubereitung: 1 Std.
Nährwerte (pro Portion): 566 kcal, KH: 38 g, E: 46 g, F: 24 g

Zutaten:
Für das Fleisch:
1 Zweig Rosmarin
1 Lammkarree (400 g)
Salz
Öl zum Anbraten

Für die Beilage:
3 Frühlingskarotten
1 Babyzucchini
2 Okraschoten
Butter
1 TL Erbsen
Salz

So wird's gemacht:
1. Sous-vide-Garer auf 58 °C temperieren.
2. Rosmarin waschen und trocken schütteln.
3. Das Lammkarree salzen. Zusammen mit dem Rosmarin in einen Vakuumbeutel geben und vakuumieren. Ins Wasserbad geben und 30 Minuten garen.
4. Unterdessen die Karotten schälen. Zucchini und Okraschoten waschen, putzen und längs in Streifen schneiden. Butter bei mittlerer Hitze in einer Pfanne schmelzen. Das Gemüse 15 Minuten lang vorsichtig dünsten. Salzen und anschließend warm halten.
5. Öl in einer Pfanne erhitzen. Lammkarree aus dem Vakuumbeutel nehmen, trocken tupfen, salzen und in der Pfanne kurz (ca. 20–30 Sekunden) anbraten. Zusammen mit dem Gemüse auf einem Teller anrichten und servieren.

Pfefferhüftsteak

Ergibt: 4 Portionen | Zubereitung: 4 Std.
Nährwerte (pro Portion): 627 kcal, KH: 11 g, E: 50 g, F: 41 g

Zutaten:

5 TL Pfeffermischung
700 g Hüftsteak
3 EL Sonnenblumenöl
4 EL Ahornsirup
2 EL Olivenöl
Salz
1 TL Butterschmalz

So wird's gemacht:

1. Sous-vide-Garer auf 56 °C temperieren.
2. Pfeffer in einer Pfanne ohne Öl anrösten. In einen Mörser geben und zerstoßen.
3. Das Fleisch mit Sonnenblumenöl einreiben und die Pfeffermischung einmassieren. Fleisch in einen Vakuumbeutel geben und vakuumieren. Ins Wasserbad legen und 3,5 Stunden garen.
4. Ahornsirup und Olivenöl in einer Schüssel gut vermischen.
5. Fleisch aus dem Vakuumbeutel nehmen, trocken tupfen und salzen.
6. Butterschmalz in einer Pfanne erhitzen. Das Steak von beiden Seiten je 1 Minute scharf anbraten. Anschließend weitere 3 Minuten pro Seite braten. Dabei das Fleisch mehrmals wenden und mit der Öl-Sirup-Mischung einpinseln. Anschließend 5 Minuten ruhen lassen, aufschneiden und genießen.

Als Beilage zum Pfeffersteak passt ein einfacher Wildkräutersalat mit Parmesanspänen.

Gulasch

Ergibt: 2 Portionen | Zubereitung: 12 Std. 40 Min.
Nährwerte (pro Portion): 722 kcal, KH: 12 g, E: 57 g, F: 47 g

Zutaten:
600 g Rindfleisch
(aus der Wade)
100 g rote Paprika
100 g Zwiebeln
1 EL Butterschmalz
1 TL Paprikapulver (scharf)
20 ml Balsamicoessig
300 ml Kalbsfond
1 TL Knoblauchgranulat
1 TL Kümmelpulver
1 TL Stärke
Salz
Pfeffer

So wird's gemacht:
1. Sous-vide-Garer auf 75 °C temperieren.
2. Fleisch waschen, trocken tupfen und in Würfel schneiden. Paprika putzen, waschen und in feine Streifen schneiden. Zwiebel schälen und ebenfalls in feine Streifen schneiden.
3. Butterschmalz in einer hohen Pfanne erhitzen und das Fleisch darin scharf anbraten (ca. 2 Minuten). Währenddessen mit dem Paprikapulver bestreuen. Zwiebel und Paprika dazugeben und ebenfalls anrösten (ca. 2 Minuten). Mit Balsamicoessig ablöschen. Den Kalbsfond angießen. Knoblauch, Kümmel und Stärke untermischen. Kurz abkühlen lassen.
4. Alles in einen Vakuumbeutel geben und vakuumieren. Ins Wasserbad legen und 12 Stunden garen.
5. Das fertige Gulasch in einen Topf geben und kurz heiß werden lassen. Mit Salz und Pfeffer abschmecken und servieren.

Dazu passt Brot oder ein paar Salzkartoffeln.

Schweinerücken auf Mango-Karotten-Salat mit Glasnudeln

Ergibt: 2 Portionen | Zubereitung: 1 Std. 10 Min.
Nährwerte (pro Portion): 727 kcal, KH: 1 g, E: 30 g, F: 60 g

Zutaten:

Für das Fleisch:

1 cm frischer Ingwer
3 Wacholderbeeren
2–3 EL Rapsöl
½ EL Kreuzkümmelsamen
½ EL getrockneter Estragon
2 Stück Schweinerücken
(à 300 g, vom Ibérico-Schwein)
Salz
1 EL Öl zum Anbraten
1 EL Butter

Für den Salat:

100 g Glasnudeln
1 Karotte
½ Mango
1 rote Chilischote
2 EL frischer Basilikum
2 EL frischer Koriander
5 Zuckerschoten
Olivenöl
1 Limette
2 EL Sesamöl
2 EL Honig

So wird's gemacht:

1. Sous-vide-Garer auf 60 °C temperieren.
2. Ingwer schälen und in kleine Stücke schneiden. Zusammen mit den Wacholderbeeren in einem Mörser zerstoßen. Öl bei mittlerer Hitze in einer Pfanne erwärmen. Ingwer, Wacholderbeeren, Kreuzkümmel und Estragon 2–3 Minuten vorsichtig darin andünsten. Das Würzöl abkühlen lassen.
3. Die beiden Schweinerücken mit dem Würzöl einreiben, jeweils in einen Vakuumbeutel geben und vakuumieren. Ins Wasserbad geben und 45 Minuten garen.
4. Glasnudeln in eine Schüssel geben und mit kochendem Wasser übergießen. Einige Minuten ziehen lassen, bis die Nudeln gar sind. Das Wasser abgießen.
5. Karotte putzen, schälen und in feine Streifen schneiden. Mango schälen, Fruchtfleisch vom Kern schneiden und ebenfalls in feine Streifen schneiden. Chili waschen, putzen und in feine Streifen schneiden. Basilikum und Koriander waschen, trocken schütteln und fein hacken. Alles in eine Schüssel geben und vermischen.
6. Zuckerschoten waschen und in Stücke schneiden. Öl in einer Pfanne erhitzen. Die Zuckerschoten 4–5 Min. anbraten. In den Salat geben.
7. Limette auspressen und mit Sesamöl und Honig zu einer Vinaigrette vermischen. Unter den Salat mischen.

8. Den Schweinerücken aus den Beuteln nehmen, trocken tupfen und salzen. Öl in einer Pfanne erhitzen und den Schweinerücken 30 Sekunden von jeder Seite anbraten. Beiseitestellen und 5 Minuten ruhen lassen.
9. Unterdessen den Saft aus den Vakuumbeuteln in die Pfanne schütten, Butter hinzugeben und alles einkochen lassen. Den Rücken mit der Sauce einpinseln.
10. Glasnudeln auf einem Teller anrichten, den Mango-Karotten-Salat darüber geben. Den Schweinerücken anschneiden, die Scheiben auf den Salat geben und servieren.

Burger

Ergibt: 2 Portionen | Zubereitung: 50 Min.
Nährwerte (pro Portion): 1083 kcal, KH: 48 g, E: 42 g, F: 76 g

Zutaten:

Für den Burger:
300 g Hackfleisch (Rind)
Salz
Pfeffer
1 Handvoll Wildkräutersalat
Olivenöl
Balsamicoessig
1 Tomate
1 EL Butter
2 Burger-Buns
2 EL Mayonnaise

Für das Pesto:
1 Bund Rucola
2 EL Pinienkerne
30 g Parmesan
50 ml Olivenöl
Salz

So wird's gemacht:

1. Sous-vide-Garer auf 58 °C temperieren.
2. Das Hackfleisch vorsichtig mit Salz und Pfeffer würzen. Zwei Patties formen, in einen Vakuumbeutel geben und vakuumieren. Das erfordert etwas Fingerspitzengefühl, da das Fleisch dabei nicht plattgedrückt werden soll. Wer mag, kann die Patties zuvor einfrieren, damit das nicht passiert. Die Garzeit von 30 Minuten sollte dann jedoch auf 40 Minuten angehoben werden.
3. Währenddessen das Pesto zubereiten. Rucola waschen, trocken schütteln und ein paar Stängel beiseitelegen. Den Rest mit den weiteren Zutaten für das Pesto (außer dem Salz) in einen hohen Becher geben und pürieren. Mit Salz abschmecken. Sollte das Pesto noch nicht cremig sein, noch etwas Öl angießen und nochmals pürieren.
4. Den Wildkräutersalat waschen und trocken schütteln. Mit etwas Olivenöl und Balsamico anmachen. Tomaten waschen und in feine Scheiben schneiden.
5. Butter in einer Pfanne erhitzen. Die Patties aus dem Beutel nehmen und in der Pfanne von beiden Seiten scharf anbraten (ca. 20 Sekunden).
6. Die Burger-Buns aufschneiden. Die Zutaten wie folgt von unten nach oben in die Buns stapeln: Salat, Pattie, Mayonnaise, Pesto, Tomatenscheiben, Rucola.

Wer mag, macht sich zum Burger
noch ein paar Pommes.

Roastbeef

Ergibt: 4 Portionen | Zubereitung: 1 Std. 30 Min.
Nährwerte (pro Portion): 410 kcal, KH: 0 g, E: 55 g, F: 47 g

Zutaten:

*1 kg Roastbeef
(Rinderrücken)
Salz
Pfeffer
4 Zweige Rosmarin
4 Zweige Thymian
2 EL Butterschmalz
grobes Meersalz*

So wird's gemacht:

1. Sous-vide-Garer auf 56 °C temperieren.
2. Das Roastbeef waschen und trocken tupfen. Vorsichtig salzen und pfeffern. Rosmarin und Thymian waschen und trocken schütteln. Zusammen mit dem Fleisch in einen Vakuumbeutel geben und vakuumieren. Ins Wasserbad legen und das Fleisch 60 Minuten garen.
3. Butterschmalz in einer Pfanne erhitzen. Das Roastbeef aus dem Vakuumbeutel nehmen und von allen Seiten ca. 30 Sekunden pro Seite scharf anbraten. Das Fleisch 8 Minuten ruhen lassen. Danach aufschneiden und mit grobem Meersalz und Pfeffer würzen. Dazu Ofen- oder Grillgemüse oder Salat servieren.

Bolognese

Ergibt: 4 Portionen | Zubereitung: 3 Std. 30 Min.
Nährwerte (pro Portion): 400 kcal, KH: 8 g, E: 25 g, F: 27 g

Zutaten:

100 ml Rotwein
300 g Knollensellerie
1 Karotte
1 Zwiebel
2 Champignons
1 Zweig Rosmarin
3 Blätter Salbei
1 Zweig Thymian
1 EL Olivenöl
1 Lorbeerblatt
300 g Hackfleisch (Rind)
100 g Hackfleisch (Schwein)
1 Bratwurst
250 g stückige Tomaten (aus der Dose)
Salz
Pfeffer
Babyspinat (oder Basilikum)

So wird's gemacht:

1. Rotwein in einen Topf geben und auf die Hälfte einkochen.
2. Sous-vide-Garer auf 65 °C temperieren.
3. Sellerie und Karotten putzen, waschen und fein würfeln. Zwiebel schälen und fein hacken. Die Champignons putzen und in Scheiben schneiden. Rosmarin, Salbei und Thymian waschen und trocken schütteln.
4. Öl in einer Pfanne erhitzen. Rosmarin, Salbei, Thymian und Lorbeer ca. 2 Minuten anbraten. Das Hackfleisch und das Brät der Wurst ebenfalls in die Pfanne geben und ca. 1 Minute anbraten. Das Gemüse inklusive der Tomaten in die Pfanne geben und alles solange köcheln lassen, bis die Flüssigkeit verdampft ist. Vom Herd nehmen. Den eingekochten Wein angießen und die Sauce abkühlen lassen.
5. Die Bolognese in einen Vakuumbeutel füllen und vakuumieren. Ins Wasserbad legen und 3 Stunden garen.
6. Die fertige Bolognese aus dem Beutel nehmen. In einer Pfanne oder in einem Topf noch einmal kurz erwärmen, mit Salz und Pfeffer abschmecken. Nach Belieben mit Babyspinat oder Basilikum garnieren und zum Beispiel zu Pasta oder einfach nur mit Brot genießen.

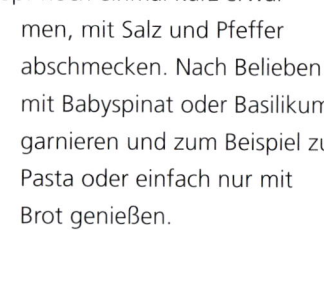

Short Ribs

Ergibt: 4 Portionen | Zubereitung: 49 Std.
Nährwerte (pro Portion): 543 kcal, KH: 5 g, E: 31 g, F: 43 g

Zutaten:

1 Schalotte
1 Lauchzwiebel
1 Karotte
300 ml Wasser
30 ml Sojasauce
15 ml Apfelsaft
1 TL Mirin
100 ml Sesamöl
1 TL Knoblauchgranulat
1 EL Traubenkernöl
600 g Short Ribs
(4 St. à 150 g)
Butter
Salz
Pfeffer
Rosmarin

So wird's gemacht:

1. Sous-vide-Garer auf 60 °C temperieren.
2. Schalotte schälen und fein hacken. Lauchzwiebel und Karotte putzen, waschen und fein hacken. Alle Zutaten außer den Rippen und der Butter in einen Topf geben. Kurz aufkochen und 30 Minuten köcheln lassen. Vom Herd nehmen, abkühlen lassen und die Marinade durch ein Sieb passieren.
3. Die Rippen mit der Marinade bestreichen, in einen Vakuumbeutel geben und vakuumieren. Ins Wasserbad legen und 48 Stunden garen.
4. Die fertigen Rippchen aus dem Beutel nehmen und warm halten. Den ausgetretenen Saft in eine Pfanne geben und einkochen. Eventuell noch etwas Butter untermischen. Mit Salz und Pfeffer abschmecken. Sauce über die Rippchen geben. Nach Belieben mit gezupften Rosmarinblättern garnieren und genießen.

Zu den Rippchen passt Stampf aus weißen Bohnen oder ein Salat mit Asia-Dressing.

Lammhüfte asiatisch

Ergibt: 4 Portionen | Zubereitung: 1 Std. 25 Min.
Nährwerte (pro Portion): 539 kcal, KH: 5 g, E: 48 g, F: 35 g

Zutaten:

Für die Marinade:
1 cm frischer Ingwer
1 rote Peperoni
1 Stängel Zitronengras
1 Msp. Paprikapulver
4 EL Sojasauce
6 EL Teriyaki-Sauce
4 EL Sesamöl

Für das Fleisch:
4 Lammhüften
(à 200–250 g)
Öl zum Anbraten
Salz
Pfeffer

So wird's gemacht:

1. Sous-vide-Garer auf 62 °C temperieren.
2. Ingwer schälen und klein schneiden. Die Peperoni putzen, waschen und in Ringe schneiden. Das Innere der weißen Bulbe aus dem Zitronengras lösen und in feine Ringe schneiden. Alles mit den restlichen Zutaten für die Marinade mischen.
3. Lammhüfte parieren. Mit je 3–4 EL Marinade in je einen Vakuumbeutel geben und vakuumieren. Ins Wasserbad legen und 60 Minuten garen.
4. Die Lammhüften aus den Beuteln nehmen. Öl in einer Pfanne erhitzen und die Lammhüften auf beiden Seiten je 30 Sekunden darin scharf anbraten. Anschließend warm halten. Die Marinade aus den Beuteln nehmen. In der Pfanne einkochen. Mit Salz und Pfeffer abschmecken. Die Lammhüfte aufschneiden und mit der eingekochten Marinade servieren.

Dazu schmeckt zum Beispiel grüner Spargel, der ebenfalls einfach in der Pfanne gebraten werden kann.

Rehrücken

Ergibt: 4 Portionen | Zubereitung: 50 Min.
Nährwerte (pro Portion): 234 kcal, KH: 0 g, E: 28 g, F: 13 g

Zutaten:

500 g Rehrücken
½ TL Wildgewürz
1 TL neutrales Pflanzenöl
8 Pimentkörner
50 g Butter
Salz
Pfeffer

So wird's gemacht:

1. Sous-vide-Garer auf 65 °C temperieren.
2. Den Rehrücken waschen, trocken tupfen und in vier gleich große Stücke schneiden. Wildgewürz und Öl mischen. Die Rehmedaillons damit einreiben. In einen Vakuumbeutel geben und vakuumieren. Ins Wasserbad legen und 30 Minuten garen.
3. Pimentkörner in einem Mörser zerstoßen. Butter in einer Pfanne zusammen mit dem Piment aufschäumen. Die fertig gegarten Medaillons in der Pfanne für ca. 30 Sekunden pro Seite scharf anbraten. Kurz ruhen lassen. Anschließend salzen und pfeffern, aufschneiden und servieren.

Dazu schmecken zum Beispiel ein Salat sowie Pfifferlinge, die kurz mit etwas Butter und dem Fleischsaft aus dem Vakuumbeutel in einer Pfanne gebraten werden.

Roulade

Ergibt: 4 Portionen | Zubereitung: 2 Std. 35 Min.
Nährwerte (pro Portion): 283 kcal, KH: 28 g, E: 14 g, F: 12 g

Zutaten:

1 Zwiebel
1 EL Speck (gewürfelt)
1 TL frischer Majoran
1 TL Balsamicoessig
4 Scheiben Rinderroulade
(aus der Oberschale)
4 EL mittelscharfer Senf
Salz
2 Gewürzgurken
300 ml Bratensoße
Butter
bei Bedarf Kartoffel oder
Stärke
Pfeffer

So wird's gemacht:

1. Sous-vide-Garer auf 65 °C temperieren.
2. Zwiebel schälen und in feine Würfel schneiden. Speck in einer Pfanne ohne Öl auslassen. Die Zwiebel hinzugeben und 2–3 Minuten glasig dünsten.
3. Majoran waschen, trocken schütteln, hacken und in die Pfanne geben. Mit Essig ablöschen. Abkühlen lassen.
4. Die Rouladen, waschen, trocken tupfen und mit Senf einstreichen. Die Zwiebel-Speck-Masse auf dem unteren Ende der Rouladen verteilen. Die Gewürzgurken vierteln und auf die Zwiebel-Speck-Masse legen. Vorsichtig salzen. Die unteren Rouladenseiten längs einschlagen und die Rouladen einrollen. Mit Küchengarn binden.
5. Jede Roulade anteilig mit Bratensoße in einen Vakuumbeutel geben und vakuumieren. Ins Wasserbad legen und 2 Stunden garen.
6. Butter in einer Pfanne erhitzen. Die Rouladen aus den Beuteln nehmen und in der Pfanne noch einmal von allen Seiten kurz scharf anbraten. Warm halten.
7. Die Bratensoße aus den Beuteln in die Pfanne geben und aufkochen. Eventuell mit frisch geriebener Kartoffel oder Stärke binden. Mit Salz und Pfeffer abschmecken und mit der Roulade servieren.

Dazu passen Salzkartoffeln und Rotkohl.

Flanksteak

Ergibt: 4 Portionen | Zubereitung: 2 Std. 20 Min.
Nährwerte (pro Portion): 477 kcal, KH: 0 g, E: 54 g, F: 27 g

Zutaten:
*1 US Prime Flanksteak
(ca. 750 g)
Öl zum Anbraten
Salz
Pfeffer*

So wird's gemacht:
1. Sous-vide-Garer auf 56 °C temperieren.
2. Das Flanksteak waschen und trocken tupfen. In einen Vakuumbeutel geben und vakuumieren. Ins Wasserbad legen und 2 Stunden garen.
3. Öl in einer Pfanne erhitzen. Das Steak aus dem Beutel nehmen und von beiden Seiten ca. 30 Sekunden scharf anbraten. Etwa 6–8 Minuten ruhen lassen. Aufschneiden, mit Salz und Pfeffer würzen und servieren.

Dazu passt zum Beispiel eine Jalapeños-Knoblauch-Sauce.

Kalbshaxe

Ergibt: 2 Portionen | Zubereitung: 12 Std. 30 Min.
Nährwerte (pro Portion): 374 kcal, KH: 2 g, E: 53 g, F: 15 g

Zutaten:

2 Stück Kalbshaxe

Salz

1 TL Butter

2 TL Petersilie

1 TL Knoblauchgranulat

2 Gewürznelken

*1 TL Weißwein
(knapper Teelöffel)*

1 Zitrone

Öl zum Anbraten

Pfeffer

So wird's gemacht:

1. Sous-vide-Garer auf 56 °C temperieren.
2. Kalbshaxe waschen und trocken tupfen. Leicht salzen.
3. Butter in einer Pfanne schmelzen. Petersilie waschen, trocken schütteln und fein hacken. In einer Schüssel mit der geschmolzenen Butter, Knoblauchgranulat, Gewürznelken und Weißwein vermischen. Die Kalbshaxen damit einreiben.
4. Zitrone heiß abwaschen. Zwei schöne Scheiben abschneiden.
5. Jedes marinierte Haxenstück mit einer Zitronenscheibe in einen Vakuumbeutel geben. Die Beutel ins Wasserbad legen und das Fleisch 12 Stunden garen.
6. Öl in einer Pfanne erhitzen. Die Haxen aus dem Beutel nehmen und von allen Seiten kurz scharf abraten, pfeffern und sofort servieren.

Dazu passen zum Beispiel im Ofen geschmorte Tomaten.

FISCH

Kräuterlachs mit Zitronenpesto

Ergibt: 4 Portionen | Zubereitung: 45 Min.
Nährwerte (pro Portion): 507 kcal, KH: 6 g, E: 40 g, F: 35 g

Zutaten:

1 Bund Frühlingskräuter
1 Bio-Zitrone
1 EL Pimentkörner
7 EL Sonnenblumenöl
4 Lachsfilets
(à 200 g, mit Haut)
4 EL Pinienkerne
Salz
Pfeffer

So wird's gemacht:

1. Sous-vide-Garer auf 56 °C temperieren.
2. Kräuter waschen, trocken schütteln und fein hacken. Zitrone gut waschen, Schale abreiben, Saft auspressen.
3. Pimentkörner in einem Mörser zerstoßen. Mit der Hälfte der Kräuter, dem Zitronenabrieb und 2 EL Öl mischen.
4. Lachsfilets waschen und trocken tupfen. Mit der Kräuter-Öl-Mischung einreiben. In einen Vakuumbeutel geben und vakuumieren. Ins Wasserbad legen und 20 Minuten garen.
5. Pinienkerne in einer Pfanne ohne Öl rösten. Mit den restlichen Kräutern, 4 EL Öl, Zitronensaft und 4 EL Wasser in einen hohen Becher geben und zu einem glatten Pesto mixen. Mit Salz und Pfeffer abschmecken.
6. 1 El Öl in einer Pfanne erhitzen. Den fertig gegarten Lachs aus dem Beutel nehmen und in der Pfanne auf der Hautseite ca. 30 Sekunden scharf anbraten. Salzen und pfeffern und mit dem Zitronenpesto servieren.

Als Beilage passt gedämpfter Pak Choi.

(Foto siehe Seite 47)

Wolfsbarsch asiatisch

Ergibt: 2 Portionen | Zubereitung: 30 Min.
Nährwerte (pro Portion): 495 kcal, KH: 2 g, E: 43 g, F: 16 g

Zutaten:

*2 Wolfsbarschfilets
(à 200 g)
50 ml helle Sojasauce
25 ml Mirin
Öl zum Anbraten
Salz
Pfeffer*

So wird's gemacht:

1. Sous-vide-Garer auf 56 °C temperieren.
2. Wolfsbarschfilets waschen und trocken tupfen. Mit Sojasauce und Mirin einpinseln. In einen Vakuumbeutel geben und vakuumieren. Ins Wasserbad legen und 20 Minuten garen.
3. Öl in einer Pfanne erhitzen. Den fertig gegarten Wolfsbarsch aus dem Beutel nehmen und in der Pfanne auf einer Seite ca. 30 Sekunden anbraten. Salzen, pfeffern und servieren.

Dazu passt zum Beispiel ein gemischter Salat. Im Dressing dazu lässt sich der Saft aus dem Vakuumbeutel verarbeiten.

Seeteufel-Saltimbocca

Ergibt: 4 Portionen | Zubereitung: 30 Min.

Nährwerte (pro Portion): 451 kcal, KH: 2 g, E: 40 g, F: 15 g

Zutaten:

*800 g Seeteufelfi-
let (küchenfertig)*

2 TL Rosa Beeren

5 Pfefferkörner

Salz

*8 Scheiben Serrano-
Schinken*

4 Salbeiblätter

40 g Butter

*frische Kräuter nach
Belieben*

So wird's gemacht:

1. Sous-vide-Garer auf 60 °C temperieren.
2. Seeteufel in Stücke à 100 g portionieren. Rosa Beeren und Pfefferkörner im Mörser zerstoßen. Seeteufel rundum mit der Pfeffermischung einreiben. Leicht salzen.
3. Je ein Stück Seeteufel auf eine Scheibe Schinken legen und einwickeln. Auf den Schinken je ein halbes Blatt Salbei festdrücken. Je zwei Röllchen in einen Vakuumbeutel geben und vakuumieren. Ins Wasserbad legen und 15 Minuten garen.
4. Butter in einer Pfanne erhitzen. Die fertig gegarten Röllchen in die Pfanne geben und auf zwei Seiten für je 40 Sekunden scharf anbraten. Die Sauce aus den Beuteln hinzugeben und kurz einkochen lassen. Nach Belieben mit frischen Kräutern würzen und servieren.

Nass gebeizter Kabeljau

Ergibt: 2 Portionen | Zubereitung: 2 Std. 40 Min.
Nährwerte (pro Portion): 642 kcal, KH: 4 g, E: 44 g, F: 28 g

Zutaten:

400 g Kabeljaufilet
40 g Zitronengras
25 g frischer Ingwer
400 ml Wasser
50 ml Limettensaft
1 Kaffirlimettenblatt
25 ml helle Sojasauce
10 ml Kalbsfond
5 ml Bonitoessig
10 ml Bergamottensaft
100 ml Sonnenblumenöl
1 Prise Salz
Pfeffer

So wird's gemacht:

1. Kabeljaufilets entgräten und in feine Scheiben schneiden.
2. Die weiße Bulbe des Zitronengrases in feine Ringe schneiden. Ingwer schälen und in feine Würfel schneiden. Zitronengras, Ingwer, Wasser, Limettensaft und Kaffirlimettenblatt in einen kleinen Topf geben und auf ca. 80 °C erhitzen. Die Beize sollte nur ziehen, nicht kochen. Anschließend abkühlen lassen.
3. Die Kabeljauscheiben mit der Beize in einen Vakuumbeutel geben und vakuumieren. 2 Stunden beizen.
4. Unterdessen Sojasauce, Kalbsfond, Bonitoessig und Bergamottensaft vermischen. Das Sonnenblumenöl mit einem Schneebesen einrühren. Die Sauce mit Salz und Pfeffer abschmecken.
5. Die fertig gebeizten Kabeljautranchen mit der Sauce marinieren und servieren.

Die Sous-vide-Technik wird in diesem Rezept zum Beizen des Fisches benutzt. Auch ohne Wasserbad sorgt der Luftdruck dafür, dass die Beize besser arbeiten kann als ohne Vakuumverschluss.

Rotbarsch mit pikantem Tomatensugo

Ergibt: 2 Portionen | Zubereitung: 45 Min.
Nährwerte (pro Portion): 539 kcal, KH: 2 g, E: 40 g, F: 29 g

Zutaten:

Für den Rotbarsch:
2 Rotbarschfilets (à 150 g)
2 TL Sonnenblumenöl
Salz

Für den Sugo:
2 kleine Tomaten
1 Knoblauchzehe
2 Sardellenfilets
(aus dem Glas)
1 Zweig Estragon
1 EL Olivenöl
Parmesan Chilipulver
Salz
1 EL Mandelblättchen

So wird's gemacht:

1. Sous-vide-Garer auf 60 °C temperieren. Rotbarsch-filets waschen, trocken tupfen. Mit Öl einpinseln und leicht salzen. In einen Vakuumbeutel geben und vaku-umieren. Ins Wasserbad legen und 25 Minuten garen.

2. Unterdessen die Tomaten waschen, Stielansatz ent-fernen und Fruchtfleisch würfeln. Knoblauch schälen und fein hacken. Sardellenfilets fein hacken. Estragon waschen, trocken schütteln und hacken.

3. Öl in einer Pfanne erhitzen. Die Sardellenfilets darin 1 Minute scharf anbraten. Die Tomaten hinzugeben und ebenfalls 2 Minuten anbraten. Die Hitze reduzie-ren und den Knoblauch hinzugeben. Weitere 5 Minu-ten garen lassen. Den Sugo vom Herd nehmen. Mit Parmesan und Chili würzen und mit Salz abschme-cken.

4. Den fertig gegarten Rotbarsch aus dem Beutel neh-men und warm halten. Die Sauce aus dem Beutel in den Tomatensugo rühren. Kurz aufkochen. Mandeln und Estragon untermi-schen und mit dem Rotbarsch servieren.

Dazu passen Salzkartoffeln.

Skrei

Ergibt: 2 Portionen | Zubereitung: 30 Min.
Nährwerte (pro Portion): 480 kcal, KH: 1 g, E: 40 g, F: 12 g

Zutaten:
400 g Skrei (mit Haut)
2 Zweige Estragon
1 Zitrone
1 EL Sonnenblumenöl
2 Lorbeerblätter
Öl zum Anbraten
Salz
Pfeffer

So wird's gemacht:
1. Sous-vide-Garer auf 56 °C temperieren.
2. Die Fischfilets waschen und trocken tupfen. Entgräten und in zwei gleich große Stücke portionieren.
3. Estragon waschen und trocken schütteln. Zitrone heiß abwaschen. Zwei schöne Scheiben abschneiden.
4. Die Filets mit Öl einpinseln. Mit je einer Scheibe Zitrone, einem Zweig Estragon und einem Lorbeerblatt in einen Vakuumbeutel geben und vakuumieren. Ins Wasserbad legen und 20 Minuten garen.
5. Öl in einer Pfanne erhitzen, den fertig gegarten Fisch aus den Beuteln nehmen und in der Pfanne auf der Hautseite 1 Minute scharf anbraten. Salzen, pfeffern und servieren.

Der Winterkabeljau Skrei schmeckt sehr viel aromatischer als normaler Kabeljau. Als Beilagen passen ein Salat aus Tomaten und Babyspinat und Pommes frites.

Oktopus I

Ergibt: 5–6 Portionen | Zubereitung: 3 Std. 20 Min.
Nährwerte (pro Portion): 267 kcal, KH: 5 g, E: 37 g, F: 10 g

Zutaten:
1 Oktopus
(ca. 1 kg, küchenfertig)
3 EL Olivenöl
Salz

So wird's gemacht:
1. Sous-vide-Garer auf 84 °C temperieren.
2. Für den puren Oktopusgenuss einen gewaschenen Oktopus in einen Vakuumbeutel legen und vakuumieren. Die Arme sollten dabei neben- und nicht aufeinanderliegen. Den Beutel ins Wasserbad legen und den Oktopus 3 Stunden garen.
3. Öl und etwas Salz mischen. Den Oktopus aus dem Beutel nehmen, mit dem Öl einpinseln, in Stücke scheiden und servieren.

Sous-vide gegart gelingt Oktopus garantiert und wird ungemein zart. Denn durch die Temperatur von 84 °C besteht nicht die Gefahr, dass er zäh wie Gummi wird.

Oktopus II

Ergibt: 5–6 Portionen | Zubereitung: 3 Std. 30 Min.
Nährwerte (pro Portion): 210 kcal, KH: 9 g, E: 37 g, F: 2 g

Zutaten:

*1 Oktopus
(ca. 1 kg, küchenfertig)
1 Tomate
1 Schalotte
1 Zweig Thymian
100 ml Noilly Prat-Wermut
Salz
Pfeffer*

So wird's gemacht:

1. Sous-vide-Garer auf 84 °C temperieren.
2. Oktopus waschen. Tomate waschen, Stielansatz entfernen und Fruchtfleisch in Würfel schneiden. Schalotte schälen und fein hacken. Thymian waschen und trocken schütteln. Gemüse, Oktopus, Thymian und Noilly Prat in einen Vakuumbeutel geben. Den Beutel ins Wasserbad legen und den Oktopus 3 Stunden garen.
3. Den fertig gegarten Oktopus nebst Sauce aus dem Beutel nehmen und in Stücke schneiden. Alles gut vermischen, mit Salz und Pfeffer abschmecken und servieren.

Jakobsmuscheln mit Balsamico-reduktion und Parmesanschaum

Ergibt: 4 Portionen | Zubereitung: 45 Min.
Nährwerte (pro Portion): 361 kcal, KH: 21 g, E: 27 g, F: 16 g

Zutaten:

Für die Muscheln:

1 TL Fenchelsamen
1 Bio-Zitrone
Limonenöl
16 Jakobsmuscheln
(ausgelöst)
Fleur de Sel
frische Kräuter

Für die Balsamico-reduktion:

1 Zweig Rosmarin
2 Zweige Thymian
5 EL Balsamicoessig
5 EL Rotwein
5 EL roter Traubensaft
Honig

Für den Parmesanschaum:

1 Schalotte
2 EL Butter
2 EL Weißwein
40 ml Geflügelfond
30 ml Sahne
15 g Parmesan

So wird's gemacht:

1. Sous-vide-Garer auf 56 °C temperieren.
2. Fenchelsamen in einen Mörser geben und zerstoßen. Die Zitrone heiß abwaschen und die Schale abreiben. Fenchelsamen, Zitronenabrieb und 1 EL Limonenöl vermischen. Die Jakobsmuscheln mit dem Limonen-Fenchel-Öl einpinseln. In einen Vakuumbeutel geben und vakuumieren. Ins Wasserbad legen und 13 Minuten garen.
3. Für die Balsamicoreduktion die Kräuter waschen und trocken schütteln. In einen Topf geben. Essig und Rotwein angießen und unter ständigem Rühren aufkochen. Sobald die Sauce dick wird, den Traubensaft angießen. Sauce bis zur gewünschten Konsistenz einkochen. Dabei ständig rühren. Die Kräuter entfernen und die Reduktion mit Honig abschmecken.
4. Für den Parmesanschaum die Schalotte schälen und fein hacken. In einem Topf mit 1 EL Butter anschwitzen. Weißwein hinzugeben und bei starker Hitze einkochen. Geflügelfond dazugießen und bei normaler Hitze auf die Hälfte einkochen. Sahne und restliche Butter hinzufügen und alles mit einem Stabmixer pürieren. Den Parmesan reiben, in die Sauce geben und alles noch einmal mit dem Stabmixer aufschäumen.

5. Die fertig gegarten Jakobsmuscheln aus dem Beutel nehmen, auf Tellern anrichten, mit dem Saft der abgeriebenen Limone besprenkeln und mit Fleur de Sel bestreuen. Balsamicoreduktion, Parmesanschaum und etwas Limonenöl aus dem Beutel auf den Muscheln verteilen. Mit frischen Kräutern garnieren und servieren.

Lachsburger

Ergibt: 4 Portionen | Zubereitung: 1 Std. 20 Min.
Nährwerte (pro Portion): 807 kcal, KH: 375 g, E: 43 g, F: 14 g

Zutaten:

Für den Burger:

500 g Lachsfilet (mit Haut, ohne Gräten)

Salz

1 Frühlingszwiebel

2 EL Dijon-Senf

2 EL Mayonnaise

1 EL Kapern

6 Stängel Dill

Tabasco

Salz

Pfeffer

Öl zum Anbraten

4 Burger-Buns

einige Blätter Babyspinat

1 rote Zwiebel

Für die Zitronen-Aioli:

1 Knoblauchzehe

1 TL Kapern

4 EL Mayonnaise

1 TL Zitronensaft

So wird's gemacht:

1. Sous-vide-Garer auf 52 °C temperieren.
2. Das Lachsfilet waschen, trocken tupfen und leicht salzen. In einen Vakuumbeutel geben und vakuumieren. Ins Wasserbad legen und 30 Minuten garen.
3. Unterdessen für die Zitronen-Aioli Knoblauch schälen. Den Knoblauch zusammen mit Kapern, Mayonnaise und Zitronensaft in einen hohen Becher geben und mit einem Stabmixer pürieren.
4. Den fertig gegarten Lachs aus dem Beutel nehmen. Ein Viertel des Filets abschneiden und beiseitestellen. Das restliche Filet fein würfeln.
5. Frühlingszwiebel putzen, waschen und mit dem verbliebenen Viertel Lachs in einen Mixer geben. Senf, Mayonnaise und Kapern hinzugeben. Alles zu einer cremigen Paste verarbeiten. Dill waschen, trocken schütteln und hacken. Die Paste mit Tabasco und Dill würzen und mit Salz und Pfeffer abschmecken.
6. Die Paste unter die fein gewürfelten Lachsstücke mischen. Aus der Masse vier Patties formen und für 30 Minuten in die Tiefkühltruhe legen.
7. Öl in einer Pfanne erhitzen. Die gefrorenen Patties 2 Minuten auf jeder Seite anbraten. Die Burger-Buns aufschneiden und ebenfalls kurz in der Pfanne anbraten.
8. Spinat waschen und trocken schütteln, Zwiebel schälen und vier Ringe abschneiden. Dann die Zutaten wie folgt von unten nach oben in die Buns stapeln: Babyspinat, Lachspattie, Zitronen-Aioli, je einen Zwiebelring.

Heilbutt mit Zitrusbutter

Ergibt: 2 Portionen | Zubereitung: 35 Min.
Nährwerte (pro Portion): 1123 kcal, KH: 22 g, E: 42 g, F: 90 g

Zutaten:
Für den Fisch:
2 Heilbuttfilets (à 200 g)
Salz
1 EL Sonnenblumenöl
1 Grapefruit
2 EL sehr feine
Semmelbrösel
1 TL Zitronenabrieb

Für die Zitrusbutter:
2 EL Weißwein
1 EL Grapefruitsaft
1 EL Limettensaft
1 EL Zitronensaft
1 EL Orangensaft
1 kleine Schalotte
150 g kalte Butter
Salz

So wird's gemacht:

1. Sous-vide-Garer auf 56 °C temperieren.
2. Beide Seiten des Heilbutts leicht salzen. Mit Öl einpinseln. Grapefruit heiß abwaschen. Vier schöne Scheiben abschneiden.
3. Die Fischfilets zwischen je zwei Scheiben Grapefruit legen, in einen Vakuumbeutel geben und vakuumieren. Ins Wasserbad legen und 25 Minuten garen.
4. Unterdessen für die Zitrusbutter den Wein und die Zitrussäfte in einem Topf zum Kochen bringen. Die Schalotte schälen, hacken und hinzugeben. Alles so lange kochen lassen, bis die Flüssigkeit fast vollständig eingekocht ist. Hitze auf die kleinste Stufe reduzieren.
5. Die kalte Butter in gut ein Dutzend gleichmäßige Würfel schneiden. Die Butterwürfel mit einem Schneebesen nacheinander in den Topf geben und vorsichtig zum Schmelzen bringen. Den Topf dabei eventuell ab und an vom Herd nehmen. Der nächste Würfel sollte erst in die Sauce kommen, wenn der Würfel zuvor bereits vollständig geschmolzen ist.
6. Semmelbrösel in einer Pfanne ohne Öl kurz anrösten. Mit dem Zitronenabrieb mischen.
7. Den fertig gegarten Heilbutt aus dem Beutel nehmen und vorsichtig salzen. Brösel mit einem Sieb gleichmäßig über den Filets verteilen. Anschließend die Zitrusbutter über die Filets geben und servieren.

Zander mit Nussbutter

Ergibt: 2 Portionen | Zubereitung: 40 Min.
Nährwerte (pro Portion): 677 kcal, KH: 0 g, E: 44 g, F: 29 g

Zutaten:
400 g Zanderfilet
(mit Haut)
50 g Butter
½ TL Zitronensaft
Salz
Öl zum Anbraten
Pfeffer

So wird's gemacht:
1. Sous-vide-Garer auf 56 °C temperieren.
2. Das Zanderfilet waschen, trocken tupfen und portionieren.
3. Butter in eine Pfanne geben. Bei leichter Hitze aufschäumen und braun werden lassen. Ein sauberes Küchen- oder Passiertuch in ein Sieb legen und die Butter durchlaufen lassen. Die geklärte Nussbutter mit einem Spritzer Zitronensaft und Salz abschmecken.
4. Die Butter zusammen mit dem Zander in einen Vakuumbeutel geben und vakuumieren. Beutel ins Wasserbad legen und den Fisch 20 Minuten garen.
5. Öl in einer Pfanne erhitzen. Den fertig gegarten Zander aus dem Beutel nehmen und in der Pfanne auf der Hautseite 30 Sekunden scharf anbraten. Salzen und warm halten. Die Sauce aus dem Vakuumbeutel ebenfalls in die Pfanne geben. Erwärmen, mit Salz und Pfeffer abschmecken und zum Zander servieren.

Dazu passt ein leichter Salat mit Radieschen, Babyspinat sowie im Ofen geschmorten Zwiebelstreifen und Tomaten.

GEMÜSE

Spargel I

Ergibt: als Beilage 4 Portionen, als Einzelgericht 2 Portionen | Zubereitung: 45 Min.
Nährwerte (pro Beilagen-Portion): 54 kcal, KH: 1 g, E: 2 g, F: 4 g

Zutaten:

400 g grüner Spargel
1 Bio-Limette
2 Prisen Paprikapulver
(edelsüß)
1 TL Knoblauchflocken
2 EL Butter
Salz

So wird's gemacht:

1. Sous-vide-Garer auf 85 °C temperieren.
2. Spargel putzen und waschen. Limette gut abwaschen und in Spalten schneiden. Zusammen mit dem Spargel, Paprikapulver, Knoblauchflocken und Butter in einen Vakuumbeutel geben und vakuumieren. Die Spargelstangen sollten neben- und nicht aufeinanderliegen. Ins Wasserbad legen und den Spargel 30 Minuten garen.
3. Den fertig gegarten Spargel aus dem Beutel nehmen. Salzen und sofort servieren.

Der Spargel passt mit einer Zitrone serviert toll zu Fisch, aber auch als Kontrapunkt zum Pfefferhüftsteak (siehe Seite 34).

(Foto siehe Seite 61)

Spargel II

Ergibt: 4 Portionen | Zubereitung: 40 Min.
Nährwerte (pro Portion): 97 kcal, KH: 5 g, E: 4 g, F: 7 g

Zutaten:
1 Bio-Orange
800 g weißer Spargel
30 g Butter
50 ml Orangensaft
½ TL Salz

So wird's gemacht:

1. Sous-vide-Garer auf 85 °C temperieren.
2. Orange heiß abwaschen. Mit einem Zestenreißer oder scharfen Messer zwei hauchdünne Streifen von der Schale abschneiden.
3. Spargel putzen und schälen. Die Stangen zusammen mit Butter, Orangensaft, Orangenzesten und Salz auf zwei Vakuumbeutel verteilen und vakuumieren. Die Stangen sollten im Beutel nebeneinanderliegen, die Zeste dagegen quer auf den Stangen. Den Beutel ins Wasserbad legen und den Spargel 25 Minuten garen.
4. Den fertig gegarten Spargel aus dem Beutel nehmen. In eine heiße Pfanne legen und die Sauce aus dem Vakuumbeutel über die Stangen geben, dann servieren.

Honigkarotten

Ergibt: 2 Portionen | Zubereitung: 55 Min.
Nährwerte (pro Portion): 76 kcal, KH: 13 g, E: 2 g, F: 2 g

Zutaten:
6 kleine Karotten
½ TL Honig
2 Thymianzweige
1 TL Butter
Salz

So wird's gemacht:
1. Sous-vide-Garer auf 85 °C temperieren.
2. Die Karotten putzen und schälen. Mit Honig einpinseln. Thymian waschen und trocken schütteln.
3. Karotten mit den Thymianzweigen und der Butter in
   einen Vakuumbetel geben und vakuumieren. Ins
   Wasserbad legen und 40 Minuten garen.
4. Die fertig gegarten Karotten aus dem Vakuumbeutel
   nehmen, salzen und servieren.

Die Honigkarotten passen zu Hähnchen, schmecken aber
auch fantastisch zu einem Butterbrot.

Ingwerkarotten

Ergibt: 2 Portionen | Zubereitung: 55 Min.
Nährwerte (pro Portion): 77 kcal, KH: 16 g, E: 3 g, F: 0 g

Zutaten:
400 g Karotten
2 Stängel Zitronengras
1–2 cm frischer Ingwer
½ TL brauner Zucker
Salz
Etwas frischer Koriander
oder Petersilie

So wird's gemacht:
1. Sous-vide-Garer auf 85 °C temperieren.
2. Karotten putzen, schälen und waschen. In mundgerechte Stücke schneiden. Das untere Drittel der Zitronengrasstängel abschneiden und längs halbieren. Ingwer schälen und in feine Scheiben schneiden.
3. Alles zusammen mit Zucker in einen Vakuumbeutel geben. Die Zitronenstangen quer über die Karotten legen. Vakuumieren. Den Beutel ins Wasserbad geben und die Karotten 40 Minuten garen.
4. Die fertig gegarten Karotten aus dem Vakuumbeutel nehmen und salzen. Nach Belieben mit frischem Koriander oder Petersilie garnieren und servieren.

Orangen-Ingwer-Karotten

Ergibt: 4 Portionen | Zubereitung: 1 Std. 15 Min.
Nährwerte (pro Portion): 140 kcal, KH: 15 g, E: 1 g, F: 7 g

Zutaten:
800 g Karotten
Salz
1 cm frischer Ingwer
1 Bio-Orange
Zucker
30 g Butter
1 Zweig Minze

So wird's gemacht:
1. Sous-vide-Garer auf 85 °C temperieren.
2. Karotten putzen und schälen. Leicht salzen. Ingwer schälen und in feine Scheiben schneiden. Die Orange heiß abwaschen und mit einem Sparschäler die Schale dünn abschälen.
3. Karotten, Ingwer, Orangenschale und Zucker auf zwei Vakuumbeutel aufteilen und vakuumieren. Ins Wasserbad legen und 1 Stunde garen.
4. Minze waschen, trocken schütteln und fein hacken. Butter in einer Pfanne erhitzen. Karotten aus den Beuteln nehmen. Zusammen mit der Minze in die Pfanne geben und 1 Minute in der heißen Butter schwenken, dann servieren.

Die Karotten schmecken sehr gut zum Seeteufel-Saltimbocca (siehe Seite 50)

Buttermais

Ergibt: 2 Portionen | Zubereitung: 1 Std. 10 Min.
Nährwerte (pro Portion): 210 kcal, KH: 24 g, E: 5 g, F: 10 g

Zutaten:
2 Maiskolben
2 EL weiche Butter
Salz
1 Thymianzweig

So wird's gemacht:
1. Sous-vide-Garer auf 85 °C temperieren.
2. Mais putzen, waschen, trocken tupfen und mit der Butter einreiben. In einen oder mehrere Vakuumbeutel geben und vakuumieren. Ins Wasserbad legen und 1 Stunde garen.
3. Den fertig gegarten Mais aus dem oder den Vakuumbeuteln nehmen, in kleine Stücke schneiden, salzen und warm halten.
4. Die Sauce aus den Beuteln in eine heiße Pfanne geben. Thymian waschen, trocken schütteln, Blätter abzupfen und in die Sauce streuen. Sauce kurz aufkochen, salzen und über die Maisstücke gießen.

Schwarzwurzel mit Sauce béarnaise

Ergibt: 2 Portionen | Zubereitung: 35 Min.
Nährwerte (pro Portion): 703 kcal, KH: 3 g, E: 6 g F: 71 g

Zutaten:

Für das Gemüse:
200 g Schwarzwurzeln
10 g Butter

Für die Sauce:
40 ml Weißweinessig
1 Schalotte
1 Zweig Estragon
1 kleines Lorbeerblatt
3 Pfefferkörner
2 Eigelb
150 g Butter
Salz
Pfeffer

So wird's gemacht:

1. Sous-vide-Garer auf 85 °C temperieren.
2. Schwarzwurzeln putzen, waschen und schälen. Butter in eine Pfanne geben. Bei leichter Hitze aufschäumen und braun werden lassen. Die Schwarzwurzeln mit der Butter in einen Vakuumbeutel geben und vakuumieren. Ins Wasserbad legen und 20 Minuten garen.
3. Für die Sauce béarnaise Essig langsam in einem kleinen Topf erhitzen. Schalotte schälen und fein hacken. Estragon waschen und trocken schütteln. Zusammen mit der Schalotte, dem Lorbeerblatt und den Pfefferkörnern in den Topf geben. So lange köcheln lassen, bis die Flüssigkeit auf die Hälfte eingekocht ist. Dann alles in eine Metallschüssel umfüllen und abkühlen lassen.
4. Butter in einen Topf erhitzen und 3 Min. köcheln lassen. Die weiße Molke abschöpfen.
5. Eigelb mit 1 TL Wasser verquirlen und in den abgekühlten Essig geben. Wasser in einem Topf für ein Wasserbad zum Kochen bringen. Die Schüssel mit der Essig-Ei-Masse in das Wasserbad stellen und ständig mit einem Schneebesen rühren. Die flüssige Butter in einem dünnen Stahl untergießen. Die Sauce sollte so lange eindicken, bis sie am Schneebesen »kleben« bleibt. Mit Salz und Pfeffer abschmecken.
6. Die fertig gegarten Schwarzwurzeln aus dem Beutel nehmen. In mundgerechte Stücke schneiden, mit der Sauce béarnaise vermischen und servieren.

Die Schwarzwurzeln schmecken hervorragend zu Steaks.

Radieschen

Ergibt: 2 Portionen | Zubereitung: 55 Min.
Nährwerte (pro Portion): 161 kcal, KH: 5 g, E: 11 g, F: 10 g

Zutaten:

6–8 Melonenradieschen
5 ml Weißweinessig
50 ml Wasser
½ TL Kristallzucker
Salz
Pfeffer
Balsamicoessig
Basilikumblätter
Schnittlauch
100 g Mozzarella

So wird's gemacht:

1. Sous-vide-Garer auf 85 °C temperieren.
2. Radieschen putzen, waschen und in feine Scheiben schneiden. Den Essig mit dem Wasser verdünnen. Die Radieschen mit der Flüssigkeit einpinseln. Den Zucker über die Scheiben streuen. Auf einen oder mehrere Vakuumbeutel verteilen und vakuumieren. Den oder die Beutel ins Wasserbad legen und die Radieschen 40 Minuten garen.
3. Die fertig gegarten Radieschen aus dem oder den Beuteln nehmen. Auf einem Teller anrichten, salzen und pfeffern. Nach Belieben mit Balsamico beträufeln und mit Basilikumblättern, fein geschnittenem Schnittlauch und Mozzarellawürfeln garnieren.

Rotkraut

Ergibt: 2 Portionen | Zubereitung: 55 Min.

Nährwerte (pro Portion): 156 kcal, KH: 15 g, E: 2 g, F: 1 g

Zutaten:

200 g Rotkraut

150 ml Portwein

2 Pimentkörner

2 Lorbeerblätter

4 Wacholderbeeren

40 g Preiselbeermarmelade

Salz

Pfeffer

So wird's gemacht:

1. Sous-vide-Garer auf 85 °C temperieren.
2. Rotkraut putzen, waschen und in feine Streifen schneiden. Mit dem Portwein, den Gewürzen und der Marmelade in einen Vakuumbeutel geben und vakuumieren. Ins Wasserbad legen und 45 Minuten garen.
3. Das Rotkraut mitsamt dem Saft aus dem Beutel nehmen. Mit Salz und Pfeffer abschmecken und servieren.

Grüne Bohnen

Ergibt: 4 Portionen | Zubereitung: 1 Std. 30 Min.
Nährwerte (pro Portion): 71 kcal, KH: 4 g, E: 3 g, F: 5 g

Zutaten:

500 g Stangenbohnen
Salz
2 Zweige Rosmarin
¼ TL Kümmel
1 Prise Pfeffer
20 g Butterflocken (kalt)

So wird's gemacht:

1. Sous-vide-Garer auf 85 °C temperieren.
2. Bohnen putzen und waschen. 2 Minuten in einem Topf mit kochendem Salzwasser blanchieren. In Eiswasser abschrecken – so wird der Garprozess unterbrochen – und abtropfen lassen.
3. Rosmarin waschen und trocken schütteln.
4. Die Bohnen nebeneinander in einen Vakuumbeutel legen. Rosmarin, Kümmel, Pfeffer und Butterflocken gleichmäßig über den Bohnen verteilen. Den Beutel vakuumieren, ins Wasserbad legen und die Bohnen 70 Minuten garen.
5. Die fertig gegarten Bohnen aus dem Beutel nehmen. Noch einmal salzen, pfeffern und servieren.

Fenchel mit Parmesanbröseln

Ergibt: 4 Portionen | Zubereitung: 1 Std. 15 Min.
Nährwerte (pro Portion): 117 kcal, KH: 13 g, E: 6 g, F: 3 g

Zutaten:

400 g Fenchel
100 ml Weißwein
Salz
Pfeffer
1 TL Butter
50 g Semmelbrösel
Parmesan
frische Kräuter nach
Belieben

So wird's gemacht:

1. Sous-vide-Garer auf 85 °C temperieren.
2. Fenchel putzen und waschen. Fenchelgrün abschneiden und grob hacken. Knolle in 1 cm dicke Scheiben schneiden. Die Scheiben nebeneinander in einen Vakuumbeutel legen. Das Fenchelgrün dazugeben.
3. Weißwein mit etwas Salz und Pfeffer in einem Topf aufkochen und abkühlen lassen. In den Vakuumbeutel zum Fenchel geben und vakuumieren. Den Beutel ins Wasserbad legen und den Fenchel 1 Stunde garen.
4. Butter in einer Pfanne erhitzen. Die Semmelbrösel hinzugeben und anrösten. Sobald die Brösel braun sind, etwas Parmesan über die Brösel reiben.
5. Den fertig gegarten Fenchel aus dem Beutel nehmen. Zusammen mit den Parmesanbröseln auf einem Teller anrichten. Nach Belieben mit frischen Kräutern garnieren und servieren.

Der Fenchel schmeckt zum Beispiel hervorragend zu einem neutral gegarten Wolfsbarsch.

Würzkartoffeln

Ergibt: 4–6 Portionen | Zubereitung: 1 Std.
Nährwerte (pro Portion): 349 kcal, KH: 35 g, E: 4 g, F: 21 g

Zutaten:
2 Zweige Thymian
2 Zweige Rosmarin
800 g Kartoffeln
½ TL Knoblauchgranulat
2 Lorbeerblätter
1 TL Salz
80 ml Sonnenblumenöl
80 ml Wasser

So wird's gemacht:
1. Sous-vide-Garer auf 85 °C temperieren.
2. Thymian und Rosmarin waschen und trocken schütteln.
3. Kartoffeln schälen, waschen und vierteln. Die Stücke auf zwei Vakuumbeutel verteilen und anteilig mit Knoblauch, Thymian, Rosmarin, Lorbeer und Salz würzen. Sonnenblumenöl und Wasser ebenfalls anteilig in die Beutel geben. Vakuumieren. Den Beutel ins Wasserbad legen und die Kartoffeln 40 Minuten garen.
4. Die Kartoffeln aus den Beuteln nehmen und sofort servieren.

Kartoffelpüree

Ergibt: 4 Portionen | Zubereitung: 1 Std. 45 Min.
Nährwerte (pro Portion): 572 kcal, KH: 22 g, E: 3 g, F: 51 g

Zutaten:
*500 g Kartoffeln
(festkochend)
250 g kalte Butter
bei Bedarf Milch
Salz
Pfeffer
Muskat*

So wird's gemacht:
1. Sous-vide-Garer auf 85 °C temperieren.
2. Die Kartoffeln schälen, waschen und in mundgerechte Stücke schneiden. In einen Vakuumbeutel füllen und vakuumieren. Den Beutel ins Wasserbad legen und die Kartoffeln 90 Minuten garen.
3. Die kalte Butter in Flocken in einen Topf geben. Die fertig gegarten, noch warmen Kartoffeln mit einer Kartoffelpresse zerquetschen und zur Butter geben. Mit einem Schneebesen vorsichtig unterrühren. Sollte die Konsistenz zu fest sein, einen Schuss Milch dazufügen.
4. Wer eine besonders feine Konsistenz beim Püree bevorzugt, streicht die Masse nun durch ein Sieb. Mit Salz, Pfeffer und Muskat abschmecken und servieren.

Gerade bei so einfachen Gerichten sorgt das Sous-vide-Verfahren immer wieder für Aha-Erlebnisse. Der intensive Geschmack des Pürees lässt bei Gästen gerne Fragen nach Geheimzutaten, besonderen Kartoffelsorten oder Kochtricks aufkommen.

Chicorée

Ergibt: 4 Portionen | Zubereitung: 35 Min.
Nährwerte (pro Portion): 77 kcal, KH: 11 g, E: 3 g, F: 2 g

Zutaten:
500 g Chicorée
Salz
1 cm frischer Ingwer
250 ml Orangensaft
1 TL Honig
1 EL Butter
Pfeffer

So wird's gemacht:

1. Sous-vide-Garer auf 85 °C temperieren.
2. Die äußeren Blätter des Chicorées entfernen. Die Salat-
köpfe waschen, abtropfen lassen, halbieren und vorsichtig salzen. Ingwer schälen und in feine Scheiben
schneiden. Orangensaft und Honig vermischen. Alles
in einen Vakuumbeutel geben und vakuumieren.
Den Beutel ins Wasserbad legen und den Chicorée
20 Minuten garen.
3. Den fertig gegarten Chicorée aus dem Beutel nehmen
und warm halten. Die Sauce aus dem Beutel in eine
Pfanne schütten und aufkochen. Die Butter untermischen, Sauce kurz einkochen lassen, mit Salz und Pfeffer abschmecken und mit dem Chicorée servieren.

Kohlrabi

Ergibt: 4 Portionen | Zubereitung: 1 Std.
Nährwerte (pro Portion): 71 kcal, KH: 2 g, E: 1 g, F: 6 g

Zutaten:
2 Kohlrabi
Salz
30 g Butter
60 ml Wasser
Petersilie (fein gehackt)

So wird's gemacht:

1. Sous-vide-Garer auf 85 °C temperieren.
2. Kohlrabi putzen und schälen. Knollen in feine Stifte schneiden. Vorsichtig salzen. Die Kohlrabistifte mit Butter und Wasser in einen Vakuumbeutel geben und vakuumieren. Den Beutel ins Wasserbad legen und den Kohlrabi 40 Minuten garen.
3. Den fertig gegarten Kohlrabi aus dem Beutel nehmen und warm halten. Die Sauce aus dem Beutel mit der Petersilie in eine Pfanne geben und kurz einkochen. Mit Salz abschmecken und mit dem Kohlrabi servieren.

Linsen

Ergibt: 2 Portionen | Zubereitung: 1 Std. 15 Min.
Nährwerte (pro Portion): 172 kcal, KH: 8 g, E: 2 g, F: 14 g

Zutaten:
100 g Berglinsen
200 ml Wasser
1 Lorbeerblatt
30 ml Balsamicoessig
30 g Butter
½ TL Zucker

So wird's gemacht:
1. Alle Zutaten in einen Vakuumbeutel geben und vakuumieren. Über Nacht im Kühlschrank quellen lassen.
2. Am nächsten Tag den Sous-vide-Garer auf 95 °C temperieren. Den Vakuumbeutel ins Wasserbad legen und die Linsen 65 Minuten garen.
3. Die fertig gegarten Linsen in einen Topf oder eine Servierschüssel geben, noch einmal mit Salz und Pfeffer abschmecken und servieren.

RUND UMS EI

Das Onsen-Ei

Ergibt: 1 Portion | Zubereitung: 55 Min.
Nährwerte (pro Portion): 86 kcal, KH: 1 g, E: 8 g, F: 6 g

Zutaten:
1 Ei
Salz
Pfeffer
Kräuter nach Belieben

So wird's gemacht:

1. Sous-vide-Garer auf 65 °C temperieren.
2. Das Ei ins Wasserbad geben und 50 Minuten garen.
3. Das fertig gegarte Ei vorsichtig mit einem Messer aufschlagen und Eiweiß sowie Eigelb in eine Schüssel gleiten lassen. Nach Belieben mit Salz, Pfeffer oder Kräutern würzen und genießen.

Onsen sind heiße Quellen in Japan, die es nahezu überall gibt, da das Land auf einem vulkanisch aktiven Untergrund liegt. Die Temperatur in diesen Quellen beträgt in der Regel zwischen 60 und 70 °C. In Japan ist es üblich, Eier in einen Korb zu legen und in die Quellen zu hängen. Das Besondere an Onsen-Eiern ist, dass aufgrund der niedrigen Gartemperatur und der langen Garzeit das Eigelb bereits wächsern geronnen ist, während das Eiweiß drumherum erst leicht ausgeflockt und noch sehr flüssig ist. Wer flüssiges Eiweiß nicht mag, kann auch nur das wachsweiche Eigelb essen.

(Foto siehe Seite 79)

Pochiertes Ei auf Avocadobrot

Ergibt: 2 Portionen | Zubereitung: 20 min
Nährwerte (pro Portion): 388 kcal, KH: 33 g, E: 14 g, F: 21 g

Zutaten:
2 Eier
Wildkräutersalat
2 Scheiben Vollkornbrot
Olivenöl
½ Avocado
Salz
Pfeffer

So wird's gemacht:
1. Sous-vide-Garer auf 75 °C temperieren.
2. Die Eier in das Wasserbad geben und 16 Minuten garen.
3. Unterdessen den Salat waschen, trocken schütteln und auf dem Vollkornbrot anrichten. Etwas Olivenöl über den Salat träufeln. Die Avocado halbieren, Schale von einer Hälfte entfernen, Fruchtfleisch in feine Scheiben schneiden und auf den Salat legen.
4. Die fertig gegarten Eier aus dem Wasserbad nehmen. Vorsichtig mit einem Messer aufschlagen und Eier auf die Brote gleiten lassen. Die Eier müssten innen flüssig sein. Beschädigt man das Eiweiß, fließt das Eigelb heraus. Eier salzen, pfeffern und Brote servieren.

Sauce hollandaise

Ergibt: 2 Portionen | Zubereitung: 50 Min.
Nährwerte (pro Portion): 647 kcal, KH: 1 g, E: 4 g, F: 67 g

Zutaten:

1 Schalotte
20 ml Weißweinessig
150 g Butter
2 Eigelb
60 ml Wasser
1 TL Zitronensaft
1 Prise Salz

So wird's gemacht:

1. Sous-vide-Garer auf 75 °C temperieren.
2. Schalotte schälen und fein hacken. Zusammen mit dem Weißweinessig in einen Topf geben und erhitzen. So lange köcheln lassen, bis der Essig um die Hälfte eingekocht ist.
3. Butter in einem zweiten Topf schmelzen. Die Schalotten-Essig-Mischung durch ein kleines Sieb in die Butter passieren. Abkühlen lassen. Die Butter anschließend in einer Schüssel mit Eigelb, Wasser, Zitronensaft und Salz verrühren. Die Flüssigkeit in einen Vakuumbeutel füllen und vakuumieren. Den Beutel ins Wasserbad legen und Sauce 30 Minuten garen.
4. Nach Ende der Garzeit die Flüssigkeit aus dem Beutel in einen hohen Becher geben. Mit einem Stabmixer schaumig schlagen. Mit Salz abschmecken und servieren.

Sous-vide-gegarte Sauce hollandaise hat den Vorteil, dass sie leichter gelingt, als wenn man sie über dem Wasserbad zubereitet.

Fluffiges Rührei

Ergibt: 2 Portionen | Zubereitung: 30 Min.
Nährwerte (pro Portion): 318 kcal, KH: 2 g, E: 15 g, F: 27 g

Zutaten:
4 Eier
40 ml Sahne
20 g weiche Butter
Pfeffer
Muskat
Petersilie
Salz

So wird's gemacht:
1. Sous-vide-Garer auf 75 °C temperieren.
2. Eier in eine Schüssel aufschlagen und mit einem Schneebesen verrühren. Sahne und Butter hinzugeben und die Masse glatt rühren. Mit Pfeffer und Muskat würzen. Eimasse in einen Vakuumbeutel füllen und vakuumieren. Den Beutel ins Wasserbad geben und Masse 20 Minuten garen.
3. Petersilie waschen, trocken schütteln und fein hacken.
4. Das fertig gegarte Ei aus dem Beutel nehmen und in eine Schüssel geben. Mit einer Gabel verrühren. Mit Salz würzen. Nach Belieben Petersilie darüberstreuen und zum Beispiel zu einem getoasteten Vollkorntoast genießen.

Mit der Sous-vide-Methode gelingt Rührei besonders saftig und fluffig. Ähnlich, wie wenn man die Eier in einer Schüssel über einem Wasserbad vorsichtig gerinnen lässt. Dabei muss man das Ei allerdings ständig mit einem Schneebesen aufschlagen. Dieser Aufwand entfällt beim Sous-vide-Garen.

SUPPEN

Butternusskürbissuppe

Ergibt: 6 Portionen | Zubereitung: 2 Std. 30 Min.
Nährwerte (pro Portion): 140 kcal, KH: 17 g, E: 4 g, F: 6 g

Zutaten:

1 Butternusskürbis
500 g Karotten
2 kleine Äpfel
1 Zwiebel
2 EL Olivenöl
1 cm frischer Ingwer
½ TL Knoblauchgranulat
Muskatnuss
Salz
Pfeffer
1 l Gemüsebrühe
frische Kräuter nach
Belieben

So wird's gemacht:

1. Sous-vide-Garer auf 90 °C temperieren.
2. Den Butternusskürbis schälen, entkernen und Fruchtfleisch in kleine Würfel schneiden. Die Karotten und Äpfel schälen, putzen und ebenfalls würfeln. Zwiebel schälen und fein hacken.
3. Öl in einer Pfanne erhitzen und die Zwiebel darin glasig anschwitzen. Abkühlen lassen.
4. Kürbis, Karotte und Apfel in eine große Schüssel geben. Ingwer schälen, reiben und zusammen mit dem Knoblauchgranulat und der Zwiebel dazugeben. Gemüsemischung mit Muskat, Salz und Pfeffer würzen und alles gut vermischen.
5. Gemüsemischung gleichmäßig auf zwei Vakuumbeutel aufteilen und vakuumieren. Die Beutel ins Wasserbad legen und alles 2 Stunden garen.
6. Die fertig gegarten Zutaten in einen Topf füllen und mit einem Stabmixer pürieren. Dabei nach und nach die Gemüsebrühe angießen. Die Suppe mit Salz und Pfeffer abschmecken. Nach Belieben mit frischen Kräutern garnieren und servieren.

(Foto siehe Seite 85)

Tom Yum Gung

Ergibt: 4 Portionen | Zubereitung: 55 Min.
Nährwerte (pro Portion): 189 kcal, KH: 6 g, E: 30 g, F: 5 g

Zutaten:

500 g Garnelen
4 rote Chilischoten
5 Pfefferkörner
2 TL Salz
1 Bund Koriander
500 g Champignons
2 Stängel Zitronengras
4 Limetten
5 cm frischer Ingwer
400 ml Fischfond
400 ml Gemüsefond
4 EL thailändische
Fischsauce
4 Kaffirlimettenblätter

So wird's gemacht:

1. Sous-vide-Garer auf 90 °C temperieren.
2. Garnelen schälen. Das letzte Schalenglied am Schwanz an den Garnelen belassen. Den Darm entfernen.
3. Chilischoten waschen, putzen und in feine Ringe schneiden. Zusammen mit Pfefferkörnern und Salz in einem Mörser zu einer Paste verarbeiten.
4. Koriander waschen, trocken schütteln und Blätter abzupfen. Champignons putzen und vierteln. Zitronengras längs aufschneiden und das feine Innere aus der weißen Bulbe in feine Ringe schneiden. Limetten auspressen. Ingwer schälen und in feine Scheiben schneiden.
5. Alle Zutaten gleichmäßig auf zwei Vakuumbeutel verteilen und vakuumieren. Die Beutel ins Wasserbad legen und die Suppe 35 Minuten garen.
6. Die fertige Suppe aus den Beuteln nehmen. Kaffirlimettenblätter entfernen. Mit Salz abschmecken und servieren.

Pastinakensuppe

Ergibt: 3–4 Portionen | Zubereitung: 1 Std. 50 Min.
Nährwerte (pro Portion): 170 kcal, KH: 6 g, E: 3 g, F: 14 g

Zutaten:

250 g Pastinaken
1 Stange Lauch
1 cm frischer Ingwer
Salz
Pfeffer
Currypulver
1 TL Sonnenblumenöl
2 EL Orangensaft
etwas Öl zum Anbraten
250 ml Gemüsebrühe
100 ml Sahne
Saft ½ Zitrone

So wird's gemacht:

1. Sous-vide-Garer auf 85 °C temperieren.
2. Pastinaken putzen, schälen und bis auf ein Stück alles in feine Würfel schneiden. Das übrig gelassene Stück Pastinake in hauchdünne Scheiben schneiden und beiseitelegen.
3. Lauch putzen, gründlich waschen und in feine Ringe schneiden. Ingwer schälen und in dünne Scheiben schneiden.
4. Pastinakenwürfel, Lauch und Ingwer mit Salz, Pfeffer und Currypulver würzen. Zusammen mit dem Sonnenblumenöl und dem Orangensaft in einen Vakuumbeutel geben und vakuumieren. Den Beutel ins Wasserbad legen und das Gemüse 90 Minuten garen.
5. Unterdessen die Pastinakenscheiben in einer Pfanne mit etwas Öl rösten, bis sie goldbraun sind. Auf einem Küchentuch abtropfen lassen.
6. Das fertig gegarte Gemüse in einen Topf geben. Gemüsebrühe, Sahne und Zitronensaft hinzufügen. Aufkochen und pürieren. Mit Salz und Pfeffer abschmecken. Die Suppe mit den Pastinakenscheibchen garniert servieren.

Erbsensuppe

Ergibt: 2 Portionen | Zubereitung: 1 Std. 15 Min.
Nährwerte (pro Portion): 163 kcal, KH: 24 g, E: 12 g, F: 2 g

Zutaten:

1 Zwiebel
½ TL Knoblauchgranulat
300 g Erbsen (TK)
500 ml Gemüsebrühe
Salz
Pfeffer
frische Minze

So wird's gemacht:

1. Sous-vide-Garer auf 85 °C temperieren.
2. Zwiebel schälen und fein hacken. Zusammen mit dem Knoblauchgranulat und den Erbsen in einen Vakuum-beutel geben und vakuumieren. Den Beutel ins Wasserbad legen und alles 60 Minuten garen.
3. Die fertig gegarten Erbsen in einen Topf füllen. Gemüsebrühe angießen, kurz aufkochen und alles pürieren.
4. Suppe mit Salz und Pfeffer abschmecken und mit frischer Minze garniert servieren.

Minestrone

Ergibt: 2 Portionen | Zubereitung: 1 Std. 20 min
Nährwerte (pro Portion): 306 kcal, KH: 41 g, E: 15 g, F: 8 g

Zutaten:

250 g Zwiebeln
200 g Karotten
3 Stangen Sellerie
ein Stück Parmesanrinde
1 TL Knoblauchgranulat
2 TL Tomatenmark
1 l Wasser
100 g Nudelreis
*150 g Cannellini-Bohnen
(aus der Dose)*
Salz
Olivenöl nach Belieben
*Parmesanspäne nach
Belieben*
*Basilikumblätter nach
Belieben*

So wird's gemacht:

1. Sous-vide-Garer auf 85 °C temperieren.
2. Zwiebeln und Karotten schälen, putzen und würfeln. Sellerie waschen und in feine Scheiben schneiden. Gemüse zusammen mit der Parmesanrinde, Knoblauchgranulat, Tomatenmark und Wasser in einen Vakuumbeutel geben und vakuumieren. Den Beutel ins Wasserbad legen und alles 60 Minuten garen.
3. Unterdessen den Nudelreis in reichlich Salzwasser al dente kochen und beiseitestellen.
4. Die fertig gegarte Suppe in einen großen Topf füllen. Cannellini-Bohnen in ein Sieb schütten, waschen, abtropfen lassen und zusammen mit dem Nudelreis in die Suppe geben. Mit Salz abschmecken.
5. Suppe in Tellern anrichten und nach Belieben mit einem Schuss Olivenöl, Parmesanspänen und Basilikumblättern garnieren.

OBST

Rieslingbirne

Ergibt: 4 Portionen | Zubereitung: 1 Std. 15 Min.
Nährwerte (pro Portion): 210 kcal, KH: 46 g, E: 0 g, F: 0 g

Zutaten:

4 kleine harte Kochbirnen
500 ml trockener Riesling
500 ml Wasser
500 g Zucker
Ahornsirup

So wird's gemacht:

1. Sous-vide-Garer auf 82 °C temperieren.
2. Die Birnen vorsichtig schälen. Riesling, Wasser und Zucker in einen Topf geben, vorsichtig erhitzen und gut vermischen. Abkühlen lassen.
3. Je eine Birne mit ca. 250 ml des Zucker-Riesling-Wassers in einen Vakuumbeutel geben und vakuumieren. Die Beutel ins Wasserbad legen und die Birnen 50 Minuten garen.
4. Die fertig gegarten Birnen aus den Beuteln nehmen, mit etwas Ahornsirup bepinseln und servieren.

(Foto siehe Seite 91)

Zimtäpfel

Ergibt: 4 Portionen | Zubereitung: 50 Min.
Nährwerte (pro Portion): 123 kcal, KH: 20 g, E: 0 g, F: 5 g

Zutaten:
4 Äpfel
2 EL Butter
1 EL brauner Zucker
1 Prise Zimt

So wird's gemacht:
1. Sous-vide-Garer auf 85 °C temperieren.
2. Die Äpfel schälen, entkernen und in Spalten schneiden. Zusammen mit der Butter, dem Zucker und dem Zimt in einen Vakuumbeutel füllen. Die Äpfel im Beutel gut mit den anderen Zutaten vermischen. Den Beutel vakuumieren, ins Wasserbad legen und die Äpfel 35 Minuten garen.
3. Die fertig gegarten Zimtäpfel aus dem Beutel nehmen und sofort servieren.

Zu den Zimtäpfeln passt zum Beispiel wunderbar etwas Vanilleeis.

Beschwipster Pfirsich

Ergibt: 4 Portionen | Zubereitung: 1 Std. 20 Min.
Nährwerte (pro Portion): 244 kcal, KH: 37 g, E: 1 g, F: 0 g

Zutaten:

4 Pfirsiche
120 ml Wasser
100 g Zucker
120 ml Cognac

So wird's gemacht:

1. Sous-vide-Garer auf 85 °C temperieren.
2. Die Pfirsiche waschen, halbieren und entsteinen.
3. Wasser und Zucker in einen kleinen Topf geben. Unter ständigem Rühren aufkochen. Vom Herd nehmen und den Cognac untermischen.
4. Pfirsiche und Cognac-Wasser in einen Vakuumbeutel geben und vakuumieren. Den Beutel ins Wasserbad legen und die Pfirsiche 35 Minuten garen.
5. Den Beutel aus dem Wasserbad nehmen und in Eiswasser (halb Eis/halb Wasser) 20 Minuten herunterkühlen.
6. Vor dem Servieren die Haut der Pfirsiche abschälen.

Die beschwipsten Pfirsiche schmecken allein oder als Begleiter zu Vanilleeis.

Cranberrysauce

Ergibt: 4 Portionen | Zubereitung: 1 Std. 20 Min.
Nährwerte (pro Portion): 260 kcal, KH: 61 g, E: 1 g, F: 1 g

Zutaten:
1 Orange
350 g Cranberrys
200 g Zucker

So wird's gemacht:
1. Sous-vide-Garer auf 85 °C temperieren.
2. Orange mit einem Messer schälen, sodass auch die weiße Haut entfernt wird. Das Fruchtfleisch in kleine Stücke schneiden. Cranberrys waschen.
3. Orangenstücke, Cranberrys und Zucker in einen Vakuumbeutel geben und vakuumieren. Den Beutel ins Wasserbad legen und alles 60 Minuten garen.
4. Die fertige Sauce aus dem Beutel nehmen und zum Beispiel zu einer Ente servieren.

Die Cranberrysauce schmeckt auch kalt hervorragend, zum Beispiel als Pancake-Topping. Dann allerdings sollte man den Vakuumbeutel nach dem Wasserbad in Eiswasser (halb Eis/halb Wasser) 20 Minuten lang herunterkühlen. Die Sauce lässt sich dann ohne Probleme mehrere Tage im Kühlschrank aufbewahren.

Bildnachweis

S. 6: Oleksandra Naumenko/Shutterstock.com; S. 7: hlphoto/Shutterstock.com; S. 9: FotoCuisinette/Shutterstock.com; S. 11: FotoCuisinette/Shutterstock.com; S. 23: kucona/Shutterstock.com; S. 25: Kostenko Maxim/Shutterstock.com; S. 26: Maksim Toome/Shutterstock.com; S. 27: dextroza/Shutterstock.com; S. 28: rocha-ribeiro/Shutterstock.com; S. 31: Brent Hofacker/Shutterstock.com; S. 32: A_Lein/Shutterstock.com; S. 33: Mateusz Gzik/Shutterstock.com; S. 34: hlphoto/Shutterstock.com; S. 35: Slawomir Fajer/iStockphoto.com; S. 37: farbled/Shutterstock.com; S. 38: Mateusz Gzik/Shutterstock.com; S. 39: hlphoto/Shutterstock.com; S. 40: siamionau pavel/Shutterstock.com; S. 41: martinturzak/iStockphoto.com; S. 42: Ratstuben/iStockphoto.com; S. 43: Christiane Wagner/Shutterstock.com; S. 44: arfo/Shutterstock.com; S. 45: zoryanchik/Shutterstock.com; S. 46: IriGri8/iStockphoto.com; S. 47: svariophoto/Shutterstock.com; S. 49: Shebeko/Shutterstock.com; S. 50: greatstockimages/Shutterstock.com; S. 51: TMON/Shutterstock.com; S. 52: Jaruek Chairak/Shutterstock.com; S. 53: Jacek Chabraszewski/Shutterstock.com; S. 54: hlphoto/Shutterstock.com; S. 55: Pavel Nesvadba/Shutterstock.com; S. 57: Dave Newman/Shutterstock.com; S. 58: Brent Hofacker/Shutterstock.com; S. 59: Juanmonino/iStockphoto.com; S. 60: Piotr Piatrouski/Shutterstock.com; S. 61: joannatkaczuk/iStockphoto.com; S. 63: 54613/Shutterstock.com; S. 64: Robyn Mackenzie/Shutterstock.com; S. 65: tovfla/iStockphoto.com; S. 66: Olga Lyubkin/Shutterstock.com; S. 67: GMVozd/iStockphoto.com; S. 69: Bernd Juergens/Shutterstock.com; S. 70: from my point of view/Shutterstock.com; S.71: SilviaJansen/iStockphoto.com; S. 72: Valerio Pardi/iStockphoto.com; S. 73: Dani Vincek/Shutterstock.com; S. 74: Kostin/Shutterstock.com; S. 75: HandmadePictures/Shutterstock.com; S. 76: Dani Vincek/Shutterstock.com; S. 77: stockcreations/Shutterstock.com; S. 78: Robyn Mackenzie/Shutterstock.com; S. 79: Chatcharin Sombutpinyo/Shutterstock.com; S. 81: Anne Mente/Shutterstock.com; S. 83: Ildi Papp/Shutterstock.com; S. 84: Robyn Mackenzie/Shutterstock.com; S. 85: Anna_Pustynnikova/Shutterstock.com; S. 87: artpritsadee/Shutterstock.com; S. 88: Bernd Schmidt/Shutterstock.com; S. 89: Nataliya Arzamasova/Shutterstock.com; S. 90: svariophoto/iStockphoto.com; S. 91: Alexander Prokopenko/Shutterstock.com; S. 93: Joerg Beuge/Shutterstock.com; S. 94: DUSAN ZIDAR/Shutterstock.com; S. 95: Foodpictures/Shutterstock.com